腕時計「japan」

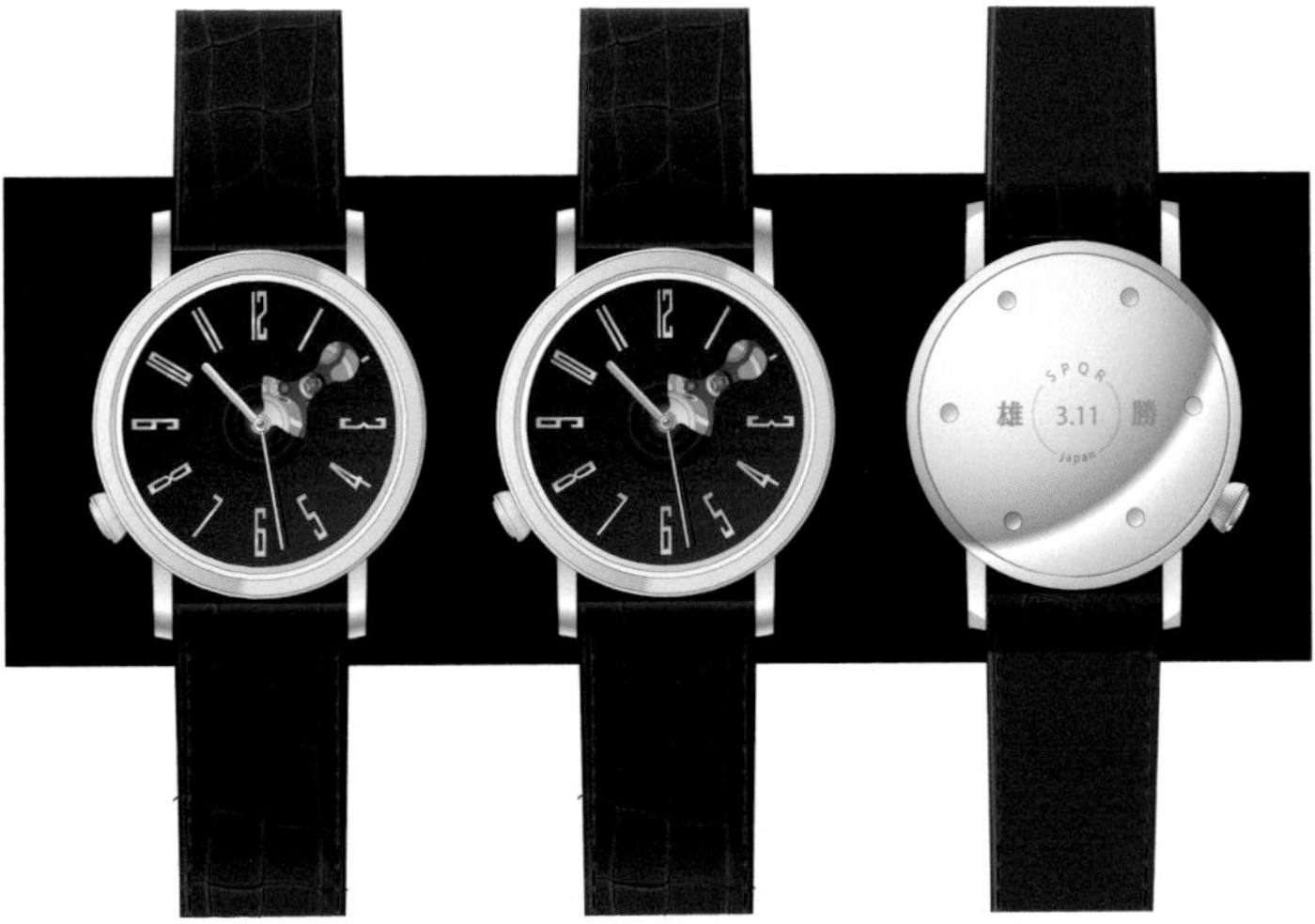

東日本大震災からわずか5カ月後に発売。宮城県石巻市の特産品である雄勝石を文字盤に用いた、思い出の「japan311」(79ページ)

10周年記念第11弾「arita-reiwa」は集大成で、有田焼白磁の文字盤×木曽漆塗りの裏蓋(裏側に家紋などのデザインも可能)。赤ちゃんの白眼の色と同じ青みがかった白が印象的な逸品(写真提供:藤巻百貨店)(287ページ)

私のプレゼンを受け、清水氏との何度かの打ち合わせの後、伝説のデザイナー岡谷哲男氏が送ってきたコンセプト図（73ページ）

オリンピックイヤーを記念して製作されたメダリストという愛称の「arita-ism medalist」（287ページ）

かき氷機「himuro」

試行錯誤の末に完成したイタリアンデザインの「himuro」。金型を使わず、すべて職人による手作り。1台350万円超する常識外のハイエンドマシン（125ページ）

氷を削りだす機構だけの武骨なプロトタイプ。ここから3年半かけて現在の「himuro」へと進化（115ページ）

世界初、アルコールそのものをかき氷にした、大人のかき氷「Shave cocktail」（125ページ）

2020年夏に発売された、次世代型かき氷製造機「himuro」の最初のコンセプト図（110ページ）

ラオスの学校建設

「スタディサプリ」を誕生させた山口氏と私が支援した、パチュドン高校での開校式の様子（140ページ）

キングコング西野さんと私が支援したララ村の小学校の開校式の様子（153ページ）

米をいっぱいに盛った壺を学校の創立者と地域の功労者が一緒に持ち上げて神様に捧げミサンガを巻く感謝の儀式（141ページ）

学生服「ichijo」

開発中の学生服。右のボタンを隠したお洒落な男子バージョンは私の一押しだったが、先生たちの人気がなかった（苦笑）（200ページ）

学生服の「ショールーム」になった校長室。校長室をオープンにし、マネキンに試作した制服を着せて並べ、生徒や先生に「見たい」と思わせた（204ページ）

新しい制服「ichijo」のベスト。サブアイテムであるベストはOBやOGも買えるようにしたかったので、アマゾンでテスト販売した（200ページ）

奈良市立一条高校・新講堂

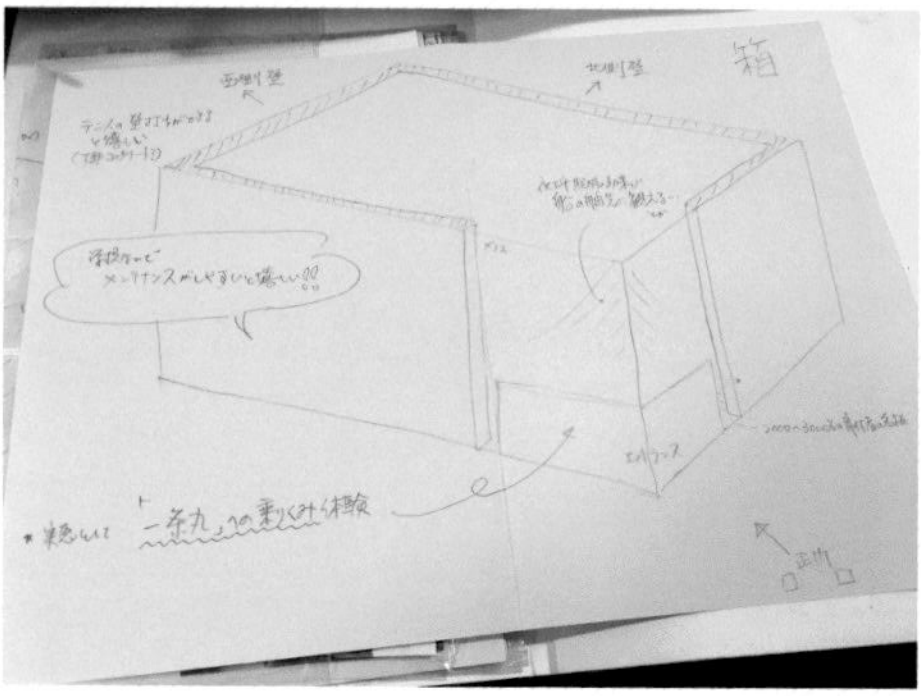

隈研吾氏に依頼するにあたって、すり合わせに準備した私自身の手書きメモ（ラフスケッチ）（232ページ）

60年前の講堂設立時に髙島屋が納品した椅子を救い出して、中央最後列にだけリノベーションして設置した「レガシーチェア」（250ページ）

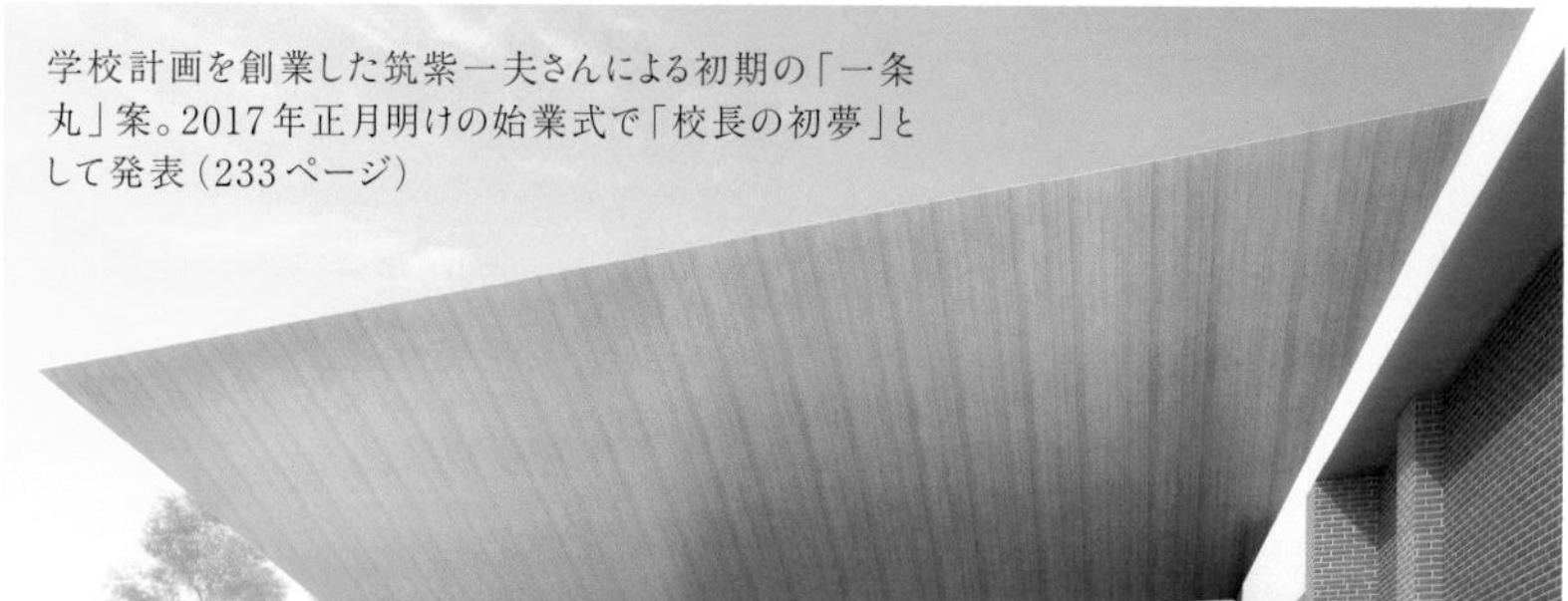

学校計画を創業した筑紫一夫さんによる初期の「一条丸」案。2017年正月明けの始業式で「校長の初夢」として発表（233ページ）

隈研吾氏を口説き落とした若草山の山頂から見る奈良の絶景と隈氏（243ページ）

2018年3月任期最後の校長式辞の際に初公開した新講堂の夜景のパース
（画像:隈研吾建築都市設計事務所）（251ページ）

新講堂の外観写真。太陽が少し顔をのぞかせた瞬間、「平城京の海に浮かぶ未来への遣唐使船」の船のように見えるかな？（254ページ）

大人のランドセル「EMU」

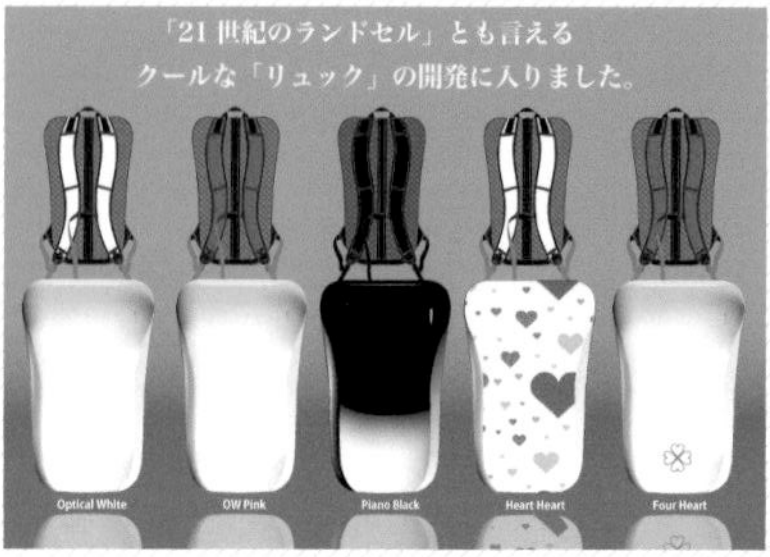

当初、私のホームページに載せていた製造販売協力会社募集のためのページ。まったくと言っていいほど、反応がなかった（268ページ）

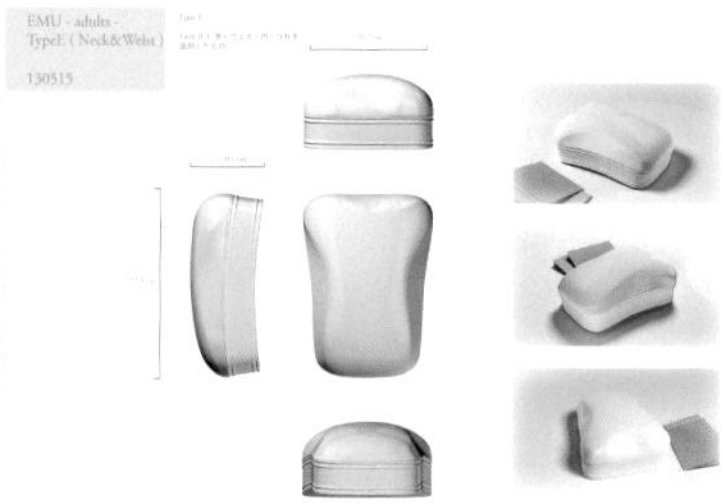

WAOグループの「ワオワールド」3D制作チームがつくったエルゴノミクス・デザインの3Dデータ。これをベルギーに送って3Dプリンターで上部のシェル部分のみを削り出してもらった（272ページ）

布製の収納部を付け、ハードシェル部分とファスナーでつなげた初号モデル。最終的に白は美しいが売りづらいということで色はピアノブラックとシルバーに（273ページ）

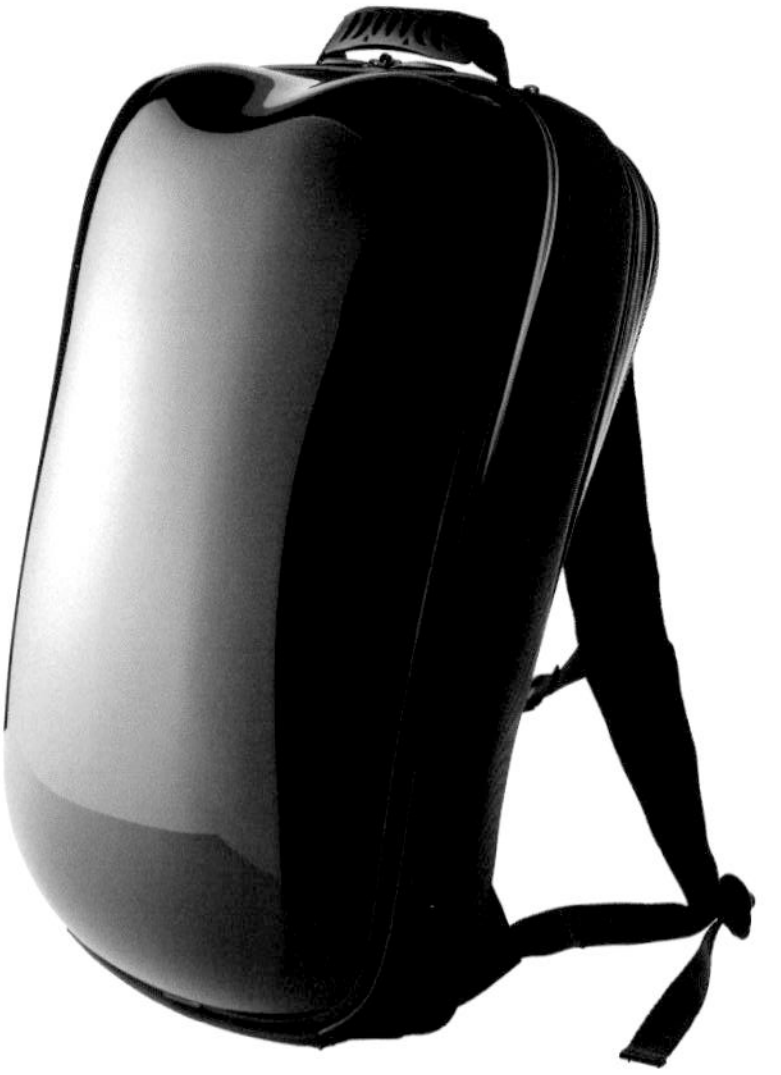

完成品（ピアノブラック）。背中側の収納にテニスラケットが差し込める（274ページ）

革命は
いつも、たった
一人から始まる

藤原 和博
Kazuhiro Fujihara

ポプラ社

目次

編集協力／川内イオ
　　　　　磯山友幸
協力／News Picks
装丁・本文デザイン／上田宏志（ゼブラ）
本文デザイン（目次・部扉）、図版／吉村朋子
カラーページ／萩原弦一郎（256）

序章　「常識」や「前例」を疑う思考法の鍛え方

イノベーションを起こす具体的な話に入る前に、目の前の「常識」や「前例」を疑う思考法について語り、実際に訓練してみよう。

ここでは、主体的・対話的な学びをということで、自分のこととして考えて、周りの人と一緒にやってみるという学び方、すなわち**「アクティブラーニング」**で訓練していく。本来はブレストやディベートを多用するものだが、この本を読んでいる読者は、一人ブレストや一人ディベートを脳内でやってもらいたい。

「アクティブラーニング」という学び方が教育界では推奨されているのだが、2020年代には大学から高校、中学、小学校と降りてきて、やがてメジャーな教え方になるのではないかと考えている。

▼喪服はなぜ「黒い」のか？……常識や前例を疑おう！

最初に少し考えてもらいたい。

あなたは、ここ数年で誰かのお葬式に参列したことがありますか？　喪服を着て行ったでしょうが、それは黒または黒に近い色だったと思います。大人は皆、黒い喪服を着て参列しますよね。

では、小学3年生ぐらいの女の子にこう聞かれたら、あなたならどう答えますか？

「ねえ、なんでみんな黒い服を着ているの？　私も黒い服を着せられたけど、どうして？」

ほとんどの人がこの理由を知らない。知らないけれど自動的に黒い服を着て葬式に行っている。大人は「それが常識だ」で通じるかもしれないが、子どもはそれでは納得しない。

まず、あなたが考えたのは、黒という色の意味づけではないだろうか。

たとえば「主人公はお棺の中に入っている人だから、参列する人はむしろ影のように目立たないほうがいい。消えていたほうがいいということで黒」といった考えだ。

これには相当説得力があるように見える。しかし、答えは違う。

歴史を調べてみると非常に面白い事実がある。

日本の喪服は、江戸時代までは黒でなく白だった。

実はこれは潜在意識のなかで薄々知っていたこと。時代劇の切腹シーンで黒を着ている人はいない。実は今でもそれが慣習として残っていて、お棺の中に入れる故人については、基本は白装束。もちろん好きだった着物を着せて旅立たせることはあったとしても、だ。

では、それがなぜ黒に変わっていったのか。「なぜ喪服は黒いのか」で検索すると、たとえば「オールアバウト」というサイトでは以下のように解説されている。

長い日本歴史の中では「喪服は白」が主流でした。その伝統が崩れたのは明治に入ってから。明治維新をきっかけに、欧米諸国の影響を受けて黒の喪服がお目見えしますが、明治30年の皇室の葬儀の際に、政府は列強諸国の国賓の目を気にして黒に統一されたのがきっかけで、後に皇室の喪服は黒と正式に規定されるようになりました。それでも、一般庶民が喪服に黒い服を着用するのはまだ先の話になります。第二次世界大戦中から戦死者を送る葬儀が多くなって需要が増えると、貸衣装店は汚れやすい白ではなく汚れが目立たない黒を揃えるようになりました。手入れのしやすさや、欧米諸国の影響もあり、戦後は急速に黒い喪服が広まっていくことになります。

（喪服が黒いのはなぜ？　その理由と意味とは［葬儀・葬式］All Aboutより）

さらに調べてみると面白いことがわかる。１４００年ほど前、貴族が最初に着はじめた喪服・儀礼服というのは白だったが、平安時代にはなぜか黒が流行った。

つまり、白ではじまって黒が流行って、江戸時代までに白へ戻って、そして今はたまたま黒が流行っている。ということは、もしかしたらあと50年か１００年もしたら、また変わるかもしれないということだ。

たとえば、革新的な繊維が生み出され、透き通って消えたように見える服ができたらどうなるか。それを皇室の方々が着用して、仮に英国で行われたイベントに出席したことで、ファッションとして「素晴らしい！」と絶賛され、『ＶＯＧＵＥ』など、さまざまな媒体の取材を受け、ファッション誌の表紙をすべて飾るなどということが起きたら、あっという間に変わってしまう可能性だってある。

誰もが信じていた「喪服は黒」という常識でさえ、歴史を調べてみると、そうとは限らないということ。

リーダーまたはリーダーになりたい明日を拓（ひら）こうとする人間の発想法の基盤になければいけないのは、常識や前例を疑うことだ。

常識は次の時代には非常識になるものだから、すべて疑うくらいでちょうどよい。昨日まで信じていた「喪服は黒」という常識でさえそうとは限らないのだから、今後、目の前に続々提示される「常識」や「前例」を疑う勇気も湧いてくるだろう。

▼50億人がスマホでつながる超ネットワーク社会ではスマホとの距離感を意識しよう

今はネットワーク社会から、「超ネットワーク社会」に移行しつつある。

AI・ロボット社会になるというのは、世界が半分ネットの中に作り込まれるということ。しかし、これからの10年間における最大の変化は、世界の50億人すなわち人口の半分以上がスマホでつながることだ。脳内のイメージが共有される、つまり50億人の脳が擬似的につながって、そこにAI武装したロボットもつながってくる。これが超ネットワーク社会の実態だと思う。

ここで少し考えてみてほしい。

50億人の脳が擬似的につながることには、メリットもデメリットもある。次世代のリーダーは、その両方を捉えておかないといけない。

多くの人がスマホを使っており、YouTubeも観ている。そういったサービスを使って起業している人もいるし、これから起業する人もいるだろう。その明暗の部分をしっかり押さえ、自分の事業をきちんと哲学的に位置づけてもらいたいのだ。

そのためまずは、50億人がスマホでつながることのメリットとデメリットを、どんなアイデアでもいいから出してもらいたい。

まずは、メリット。これはたくさん出るだろう。

もし人類50億人が共通のイメージを持てるなら、相手の国を攻撃するという意識が薄れるから、もしかしたらそれで平和がもたらされる可能性だってあると思う。いろいろな答えがあるわけで、正解は1つではない。

一人ブレストで出たアイデアは「仮説」であり、必ずしも「正解」ではない。しかしそのなかにはすごく納得できる仮説があり、「あ、そうだね」と頷くものもあるだろう。これを「納得解」という。

自分が納得し、関わる他者も納得できる仮説のことだ。タテ・ヨコ・ナナメに、頭を柔らかくして「納得解」を紡いでいく力のことを「情報編集力」という。この情報の編集力（別名「つなげる力」）がこれから大事になってくる。

続いて、デメリット。

スマホは登場以来、個人を大きくエンパワーする道具であると喧伝（けんでん）されており、たしかにそういう面はあると思う。誰もが自分の武器としてスマホを使う。ただ、スマホが50億人に普及し、それが浸透してネットワークが高度化するなかでは、気をつけなければならないこともある。

たとえば、ある商品が生まれたとき、その情報は一気に広がるが、仕入れルートが自由になっていれば、すぐに真似をすることもできる。これを突き詰めると、すべての良いものが画一化していくということになる。そういった傾向が加速されているように感じる。つまり、50億人に普及したスマホは、もはや巨大なマスメディアだということ。昔のような、マスメディア対スマホの構図ではなく、スマホ自体がテレビより強力なマスメディア化しているという現実がある。

実際、楕円形のスマホや丸いスマホを持っている人はおそらくいない。同様に、私が自分のスマホを講演会などで掲げても、どこのメーカーかはわからないだろう。

親世代と息子・娘世代の社会イメージの違い

世界の半分がネット内に構築され、
人生の半分をそこで過ごすようになる!!

〜だから「仕事」の半分も、ネット内で処理されることで、なくなる〜

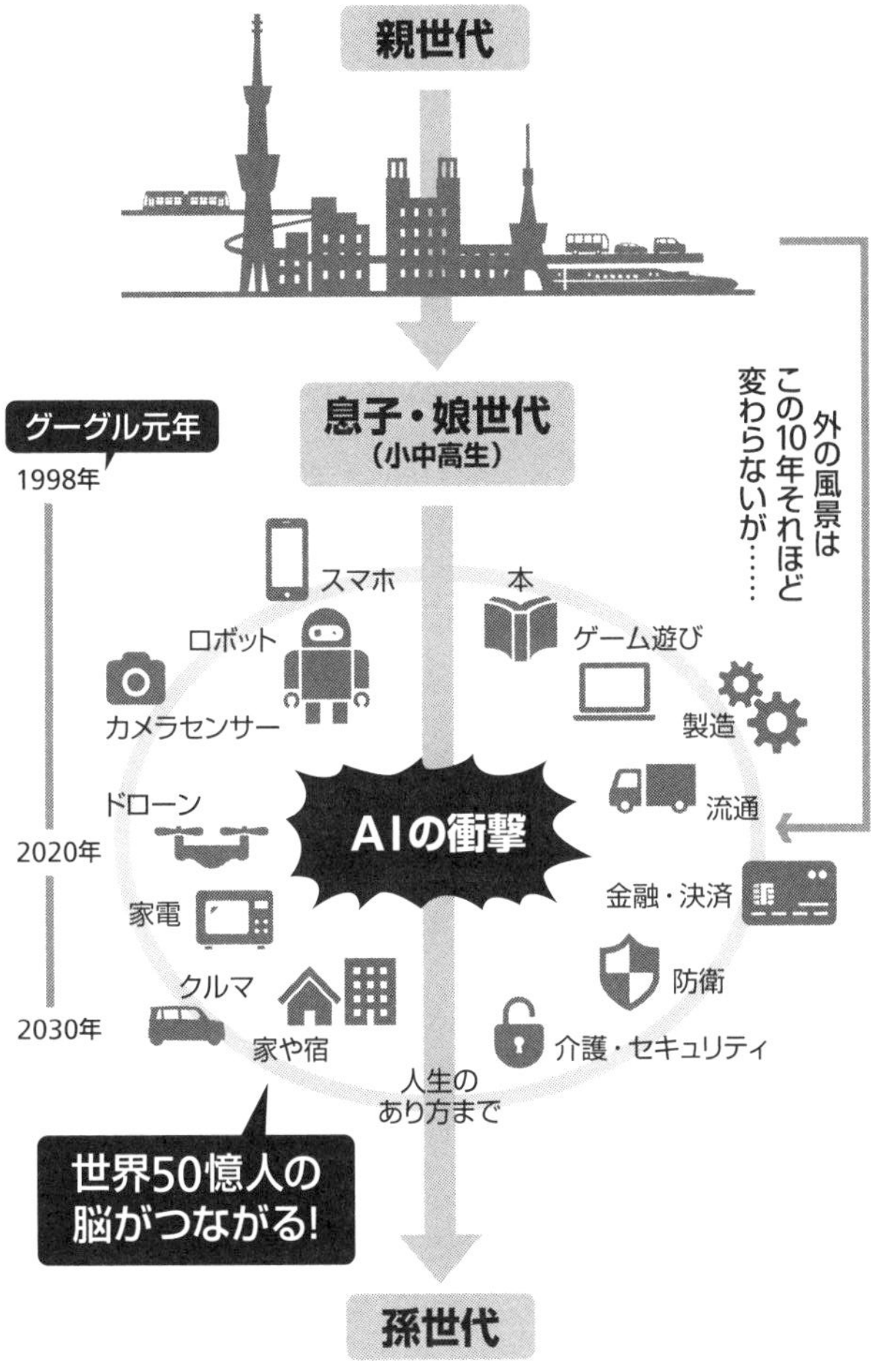

車も同じ。僕は丸目二灯の車（ヘッドライトが丸くて２つ並んでいるスタイル）が好きで、昔は１１７クーペという車に10年乗っていた。だから同じような丸目のBMWやジャガーが好きだったのだが、そのジャガーでさえ角目になった。今は正面から見ると、どんな車もつり目で怒ったような顔をしている。

「いい商品」や「いいもの」が無限に似てくる――。これは芥川賞を獲った『ニムロッド』（上田岳弘）という小説にも見事に描かれている。

本書を読んでいる人は皆、「誰のようでもないユニークな人生を自分で切り拓いていきたい」と考えているのではないだろうか。「皆と一緒でいい」とか「誰かに似ていたい」とは考えていないはずだ。

だとしたら相当意識したほうがいい。スマホを猛烈に利用しつつ、意識のどこかではスマホとの距離を保たないとあなたも似てきてしまう。その証拠に、満員電車でスマホを操作している若い人たちの表情を見てみると、すごく似てきている感じがする。

そういうインデペンデンスが非常に大事ということを覚えておいてもらいたい。

▼多様化・複雑化する現代社会では「情報編集力」が大事になる

他者との違いを出すときに大事な力として、プレゼンする情報の編集力がある。僕の本にもさんざん出てくる**「生きる力の逆三角形」**という図を紹介したい。

結論を先に言うと、「情報編集力」というのは、明快な正解がない問題に対して、仮説をたくさん出し、その中で自分が納得し、しかも関係者をも納得させられる仮説（納得解）を、アタマを柔らかくして縦横無尽に紡ぎだす力のこと。正解はないわけだから、「納得解」は状況に応じて創りださなければいけない。

やさしく言うと、要素を掛け合わせる掛け算の力でもある。AとBという要素を単純に足すのではなく、掛け算することで付加価値を画期的に上げたいときに使う力だ。だから、これを「つなげる力」とも呼んでいる。

「生きる力の逆三角形」のベース（基盤）に「基礎的人間力」があるというのは、わかるだろう。これは人柄やキャラとか言われるものだ。

その上に情報を扱う力が2種類ある。**「情報処理力」と「情報編集力」**だ。

左上の「情報処理力」は正解が1つある場合、その正解を早く正確に言い当てる力のこと。具体的には、「1＋2は?」と聞かれてすぐ「3」と言える能力。基礎学力に近い。

ところが、現代社会は非常に多様化・複雑化していて、正解が1つという問題はどんどんなくなっている。日々取り組んでいる仕事も、正解がないか、正解が複数あるという問題ばかりではないだろうか。

そこでは、仮説を数多く出して、そのなかで自分が納得し、かつ関わる他者を納得させることのできる仮説、すなわち「納得解」を求めて知識・経験・技術をすべて組み合わせる「情報編集力」が重要になる。

組み合わせるから編集という言葉を使っているが、とにかく1つの正解を出すだけなら「情報処理力」を高めればいい。しかし、今のような成熟社会でビジネスの問題を解いていくには、課題設定を含めて情報を編集する力が大事だ。

誰のようでもないユニークな人生を歩むために必要なのは処理力の高さではない。誰でもできることはコスト優位の話になるため、人口が10倍のところには敵わないと

生きる力の逆三角形

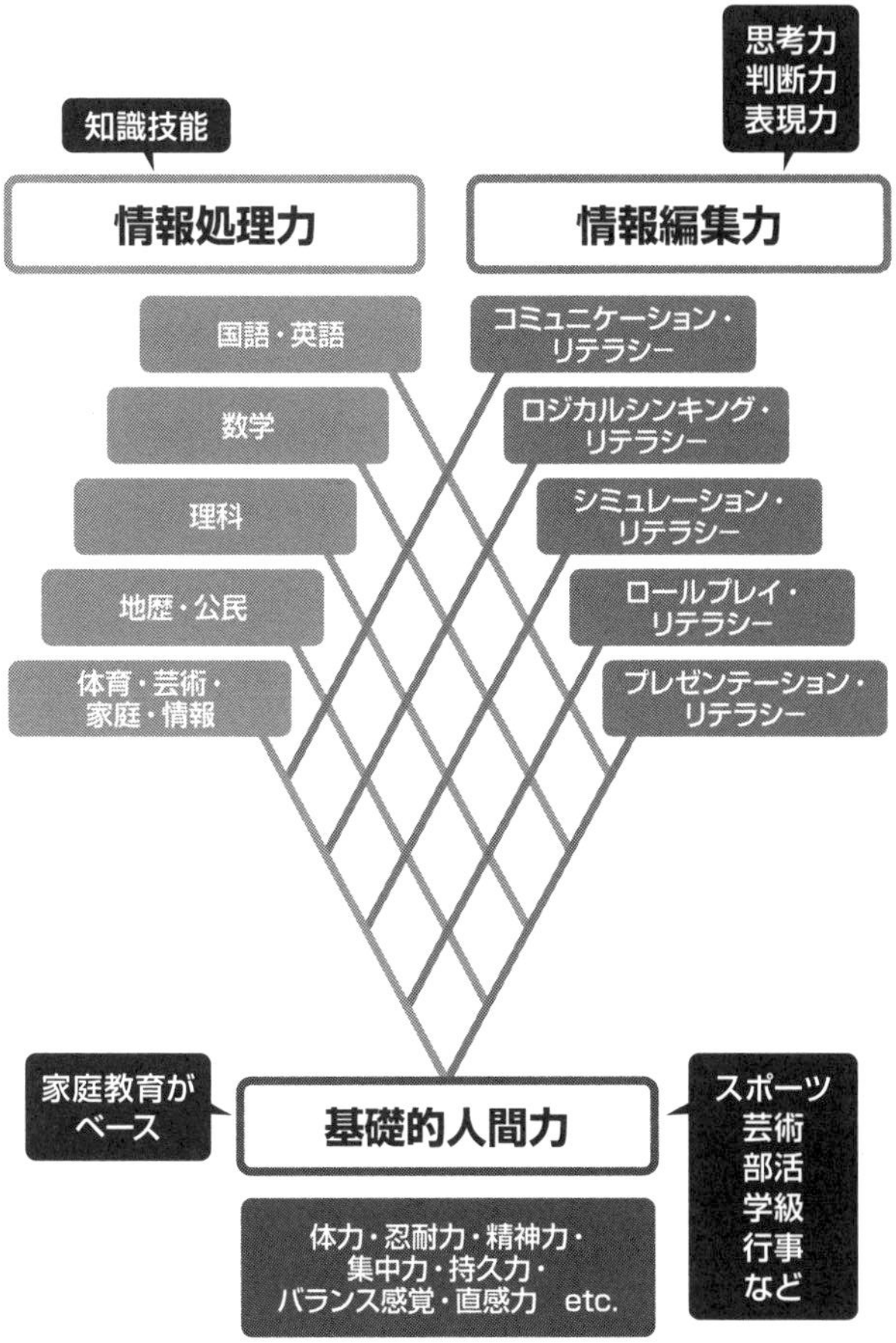
知識技能
情報処理力
思考力
判断力
表現力
情報編集力
国語・英語
数学
理科
地歴・公民
体育・芸術・
家庭・情報
コミュニケーション・
リテラシー
ロジカルシンキング・
リテラシー
シミュレーション・
リテラシー
ロールプレイ・
リテラシー
プレゼンテーション・
リテラシー
家庭教育が
ベース
基礎的人間力
スポーツ
芸術
部活
学級
行事
など
体力・忍耐力・精神力・
集中力・持久力・
バランス感覚・直感力　etc.

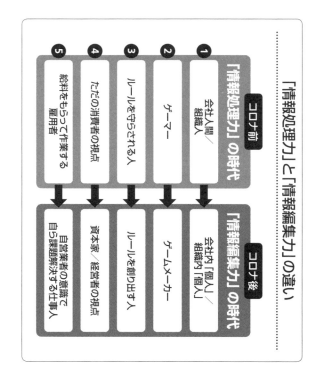

「情報処理力」と「情報編集力」の違い

	コロナ前 「情報処理力」の時代		コロナ後 「情報編集力」の時代
1	会社人間／組織人	→	会社内「個人」／組織内「個人」
2	ゲーマー	→	ゲームメーカー
3	ルールを守らされる人	→	ルールを創り出す人
4	ただの消費者の視点	→	資本家／経営者の視点
5	給料をもらって作業する雇用者	→	自営業者の意識で自ら課題解決する仕事人

いう話になる。したがって、自分の付加価値を磨くためにはどうしても逆三角形の右上にある情報編集力を磨く必要があるのだ。

読者の中には、経営者や、企業で役員・管理職の人もいるだろう。これからは社員の脳を、できるだけ編集側にシフトさせること。

逆に、なるべく社員の仕事を情報処理脳のほうに傾けさせないことだ。

単純作業は自動化・無人化して、社員の脳をできるだけ情報編集の側に切り替える。そうして多くの社員が情報編集脳を発揮する状態にすれば、商品やサービスの付加価値レベルが高まり、それで利益も出るはずだ。

ここまでわかれば、あとは「処理脳から編集脳へどう切り替えるか」という話になる。

▼「情報編集力」を鍛えるためのワーク～「白」が基本の商品を「黒」にすると

情報編集力を鍛える2つのワークを提案する。

まずは、「情報処理脳と情報編集脳の切り替え」がわかるワークだ。

まず、世の中において「白が常識」「白が当たり前」「白が基本で前例」という商品を1分ぐらいで20個挙げてみてほしい。

例としては、マスク、ホワイトボード、牛乳などだ。この3つは入れてよい。この3つの派生で考えるだけでも出てくるだろう。1分で20個は難しかったとしても、私が出した3つを含めて10個以上挙がっただろうか。

これを考えるうえであなたが発揮したのが「情報処理脳」だ。知っていることだけを早く正確に答えたはずで、知らないことは書けなかっただろう。

ここから「情報編集脳」への切り替えを行う。

今回は白が基本の商品に「黒」という色を掛けてもらう。世の中のありとあらゆる新商品・サービスは、この掛け算から生み出されている。まず既存商品を徹底的に洗い出す。10人で100個挙がれば、それをポストイットに書き出し、大きな模造紙に貼り出して分類（グルーピング）する。そのうえで、「ここはちょっと混んでいる。ここは隙間がある」などと狙いをつけていくだろう。

そうして、既存商品に今までなかった要素を掛け算するのだ。黒くするだけではなく、たとえば思い切って小型化したり、コストを一気に下げて半額にしたり、男性しか使っていなかったものを女性も使えるようにしたりする。こうした掛け算によって、すべての新商品・サービスが開発されているといっても過言ではない。

今この瞬間も、世界中の何十万社という会社が同じようなことをしているはずだ。

これから発揮してもらう情報編集力は、この掛け算だ。

白が常識だけど、黒にしたら、「結構売れるんじゃないか?」「面白いんじゃないか?」「高級感が出るんじゃないか?」と、「自分なら黒のほうを買う」という商品を編み出してもらいたい。

ここでさらにハードルを上げたい。

白から黒にしてヒットした商品は既にいくつもある。しかし、それを当てろという話だと「知っているか否か」の情報処理側の問題になる。**それを情報編集側の問題とするために、「今まで世の中になかったもの」を頭の中で生み出してほしいのだ。**

たとえば、白から黒にして大ヒットしたものに綿棒がある。白が当たり前だが、黒にしたらどうなったか。使ったあとに「おお、よく取れてる」と、よく見える。それでヒットした。

黒いトイレットペーパーも通販で売っている。個人宅だとトイレの壁紙は白っぽい明るい色のはずだからあまり似合わないと思うが、ホテルのような高級感がある場所のトイレだと、壁も黒やこげ茶で、かつダウンライトで暗めにしているため、黒いトイレットペーパーが似合い、高級感が出る。

目標は2分間、今までなかった黒い商品を生み出してほしい。

こういった訓練は「白い商品を黒くする」という話でなくてもよい。まったく新しいタイヤ、まったく新しいペットボトル飲料、こういったものを生み出してみようと普段から考えてみるのだ。

電車内でもスマホのゲームではなく、中吊りを見て、「こういうことがあるなら、次はこういうことが起こるんじゃないか?」と妄想してみる。

目の前に座っている男性が「どれくらいの年収でどんな会社に勤めているか」とか、子どもなら「お父さんと上手くやってるかな」みたいな妄想をしてみるのだ。それがイマジネーションの訓練になる。

人生を豊かにするためにも、キャリアを力強いものにするためにも、情報編集力の掛け算が大事になる。そのため、次に「情報編集力」を高めるゲームを紹介しよう。

▼情報編集力を高める「つかみ型自分プレゼン術」

自分のマインドを処理脳から編集脳へ変えようというときは、自分プレゼンを練習するとよい。

誰もがこれからも数限りなく相手と初対面というシーンを経験するだろう。そういうときは、ほとんどの場合、名刺を渡すはずだ。すると、渡された相手は脳の中で情報を処理してしまい「この会社のこの役職の人ね」で終わる。残念ながら、それではキャラは伝わらない。

人間には動物の古い脳が残っているため、最初に出会ったとき相手が敵か味方かを裏で判断している。味方だと考えてもらうのは何回か仕事をしてからになるが、最初の段階で敵だと判断されるのは、単純に損である。逆に、敵だと判断されなければ商談にも入りやすくなる。そのための練習が必要だ。

そこで、出会った相手にすぐ名刺を渡すのでなく、自分のキャラのなかからどこかを切りだして相手に渡すという練習をしてほしい。

自分が一番わかっているはずの「自分のキャラ」という土俵で、自分という情報をどんな風に編集して渡せば相手が和(なご)んでくれるか。「つかみ型」の自分プレゼン術を練習すべきなのだ。

私の場合は「教育界のさだまさしです」というキャッチーなフレーズからいつも講演を始めている。一般的に知られていて、しかもイメージが悪くない人に顔が似ているなら、あなたもそれを使えばいい。自分は「さだまさんに似ている顔」という資産を持っているから、これをいじるだけで皆さんが和んでくれる。

和んでくれる顔という貴重な資産を持っている人は、どんな講演でも100人に1人ぐらいの割合で見かける。自分の顔をいじるだけでウケたり、和むから便利だ。

断っておくが、相手もその人物を知っていることが大事だ。会場が小学生で埋め尽くされていたら、私だって、さだまさしさんの名前は出さない。小学生はさだまさしさんを知らない可能性があるからだ。顔を知らない人に「似ているだろ？」なんて言った途端に引かれて終わり。二度と話を聞いてもらえない。

他にも、上か下の名前がすごく複雑または読みにくい人も有利だ。たとえば武者小路や西園寺、伊集院など、由緒正しそうな読めない名前が一番よい。

「山口の萩市には3軒しかいなくて東京に出てきたら一人だけでした」

「この縄という字は『火縄銃』から来ていて、どうも、ひいひいひいおじいちゃんが種子島から云々……」

など、こうした物語を少しかませるだけでよい。根も葉もない嘘だと詐欺になるが、少しネタがあるなら盛ってよいのだ。

演出して名前をうまく利用して語ることで共感を得よう。

それともう1つ。自分のキャラを切り出してつかむ自信のない人は、自分に縁の深い人を引っ張り出す方法もある。

たとえば「弟がオリンピックの水泳で〜」と言ったら「ええ!?」となるだろう。あるいは、犬を飼っている人には犬の話がつかみになる。

名刺交換の前に、ちょっとしたエンターテインメントの間を作るノリである。ぜひとも遊び心を持って、自分のキャラを編集してみることをおすすめする。すごく基礎的な編集力の発揮だが、相手が和むかどうかで結果もすぐにわかる。

ここまでで、あなたの情報編集力は現時点でぐっと高まっているはずだ。

先ほどの逆三角形で言えば左上の「情報処理力」がアタマの回転の速さで、右上の「情報編集力」がアタマの柔らかさ。アタマの回転が速くて、かつ、アタマが柔らかい子どものことを「頭がいい子」というが、それは大人でも一緒である。

▼どんなチャレンジでも「産道を通るときの恐怖」以上に怖いことはない

常識を外し、情報処理力と情報編集力を高め、いよいよイノベーションを起こす段階。しかし、実際に未知の領域にチャレンジするときには恐怖が湧いてくるのではないだろうか。

私も校長として赴任した学校での最初の入学式のときには、子どもたちに見つめられて足が震えた経験がある。大人であれば2000人を前にしても全く怖くないが、子どもに、

「こいつ大丈夫かな」

「信用していいのかな」

「今度の校長もつまんないやつじゃないだろうな」

という感じでまっすぐ見られると、正直言って怖い。子どもは本音の目線だから、恐怖がある。

「その恐怖をどう乗り越えたんですか?」とよく聞かれるが、一方で恐怖を感じるの

胎児のエコー写真

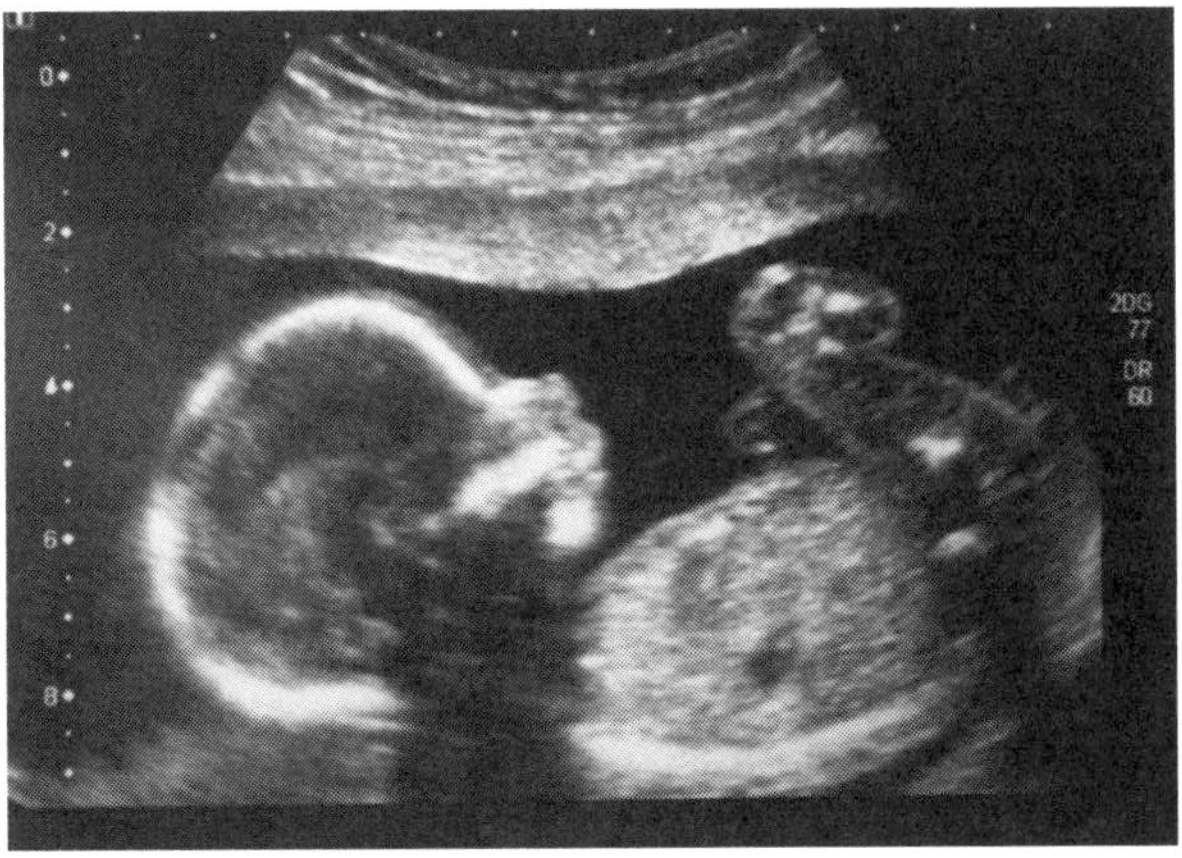

は大事なことでもある。

ここである写真を見てほしい。胎児のエコー写真である。

あなたはその昔、こういう状態だったのだ。すべての人間はみな母親から産み出されている、その時の状況を思い出してほしい。

羊膜に羊水が入っていて、海の中を漂うような感じだったはずだ。では、そのあと何が起こるか。いよいよ陣痛が起きて世に出てくる。

このときの怖さはどれほどだったか……あなたは覚えてないというだろう。母体の中ではすべての衝撃が和らげられ、外界のことはまったく気にしなかった。

ところが、そこからまったく知らない、見聞きしたこともない世界へ押し出される。人間は直立歩行するようになってしばらく経っており、実は産道のある骨盤のところが狭くなっている。したがって赤ちゃんは回転しながら出てくるのだ。

そして、いきなり光が当たってきて、肺呼吸がはじまり「おぎゃあ〜!」と泣く。取り上げてくれた人が母親か父親かも分からない。こうしたものすごい恐怖が、産道をくぐるときにあったはずだ。

ちなみに、私は3人の子の出産に立ち会い、末の子は自分で取り上げた経験がある。立ち会い出産は、人間のナマの「狂気」を目撃する現場でもある。赤ちゃんが母親から出てくる瞬間は、見ているこちらも頭が真っ白になる。スター・ウォーズよりも激しく、尊いドラマ。人間がむき出しになる、ドラマチックの極致だ。

どんな大きなチャレンジでも、生まれてくる以上に怖いことは絶対にないし、これ以上危ないこともない。大きなチャレンジをする際には、ぜひ思い出してほしい。

第1部

己に眠る「狂気」で、沈滞を突き破れ

私はプロの研修講師として、年間100回の講演を行っている。

ただし、ただの話では参加者が寝てしまうので、アクティブラーニング方式でブレストやディベートを頻繁に盛り込み、聴衆が主人公になれる講演にするため、ライブのように盛り上がる。

「講演依頼.com」の2019年度下半期調べでは、8000人の講師登録があるなかで、ビリギャルの小林さやかさんと並んで堂々3位の人気だったそうだ。イノベーションやモチベーションアップが主たるテーマである。

もっともコロナ以降は半年ほど講演会や研修が中止や延期となり、秋からはオンラインでの生中継が多くなっている。

ここで、コロナ後の企業の命運を握る「イノベーションって、なんだろう?」を改めて考えてみる。

▼たった一人からイノベーションは始まる

企業からすれば、現状を打破するアイデアとそれを実現する一連の行動のことを指すだろう。ただし、これを組織で起こす場合でも、私は、あくまで個人の行動が鍵になると考えている。個人がどう考えるか、その思考法が大事なのだ。

「ああ、コロナで全体が沈滞するだろう。自分が前向きになれないのもしょうがない」

「利益が出ないのは当たり前だよね、だってコロナで営業日数が圧倒的に減ったんだから」

というように、全体の景気や業界の調子の悪さを自分自身の浮沈にリンクさせ「コロナのせいでダメなんだ」という思考法を全従業員が取るなら、会社も組織もそのようになるだろう。

革命はいつも、たった一人から始まる これが基本だ。

だから、破壊的に現状を打破して、突破していく個人を育てなければならない。

ビジネススクールでアート教育が流行するのも、同じ文脈のニーズだ。ただし、アートで刺激して組織にちょっとだけ「遊び」や「クリエイティブ」を持ち込んでも、その効果は薄い。

こういう激しい逆風下でイノベーションを起こすには、少し弱いのだ。

▼自分の中の「狂気」を自覚する

イノベーションは個人の人生にも利いてくる。人生を鮮やかに彩るためには、会社人間が会社内「個人」として覚醒し、自分の人生の主人公として生き始める意識改革が必要だ。

だから、「誰のようでもない人生を切り拓きたい」と考える読者ならば、自分の中に、組織にあらがう革命を起こさなければいけない。

ここで、結論を言ってしまおう。

個人と組織の両方のイノベーションにとって鍵になるのは、誤解を恐れず言えば、「狂気」をどうマネジメントするか、である。なぜなら、個人の中の「狂気」を起動しないで、現状を革新するのはそもそも無理があるからだ。

革命はいつも、
たった一人から
始まる

会社がイノベーションを望む場合、社員を熱狂させなければならないし、開発チームのチームビルディングが上手(うま)くいくのは、リーダーのちょっとした「狂気」にメンバーが恋するときだと思う。

恋をするから50%や70%ではなく、120%とか200%の力が発揮される。できそうもない課題（例えば、車の流麗な美しさと内部の広い居住性を両立させる課題）をクリアするときなど、まともな分析や整然とした処理仕事では、納得できる解が導けるわけがない。

「狂気」に恋をさせるリーダーシップが必要なのだ。

「狂気」は、その芯に寄ってくる同じ志を持った「同志」をくっつける接着剤の役割を果たし、それがやがてドラマチックな「物語」に進化していく。

言葉を換えれば、あなたの中に眠るちょっとした「狂気」を起動することで、その「狂気」が伝染、感染し、コロナ後の沈滞を突き破る力になる。

この本では、そんな思いで仕事をしている私の6つのイノベーション・プロジェクトを通して、「狂気」がどんな役割を果たすのかを伝えたい。

「狂気」に
恋をさせる
リーダーシップが必要

▼コロナ以前の常識に疑問を持とう

「狂気」と言われても、仕事は忙しいし、コロナ騒動をなんとかやり過ごしてつつがなくやっているから、どう発揮すればいいかわからない……という声も聞こえてきそうだ。安心してほしい。そんなに大げさに考えることはない。

まず、コロナ以前の「目の前の常識」に疑問を持つことから始めればいい。

あなただって、今まで、目の前にまったく当たり前に提示される「常識」や「前例」に対して、「あれっ、ちょっと変じゃないかな」と首をかしげることはあっただろう。

この本に出てくる「常識」や「前例」で言えば、「自分へのご褒美で買う高級腕時計はロレックスのようなブランド品がいい」という常識や、「かき氷機は氷を挟んでモーターを回して削る不格好なマシンだ」という前例だ。

これらに対し、自分のなかの「ちょっとした狂気」を発動して、「コトなかれ主義」ではなく「コトあれ主義」で動いてみた結果、どんな物語が生み出されたかを詳しく語ってみようと思う。

コロナ以前とコロナ以降は、誰かが指摘していたように、のちにBC／ACと表記されることになるかもしれない大変化だ。世界がメタモルフォーズ（変態）して一皮剝けるほどの。

なにが本質的に変わるのかといえば、これまで効率を追って「一斉」にしていた全体システムを、個々「バラバラ」に再編するムーブメントなのだと思う。

コロナは「過剰につながり過ぎて世界が1つになると人類が似通ってきて危ないよ」と警告した。しかも、スマホから発せられたネット上のウイルスではなく、人間同士の「感染」という盲点を突いて。

バラバラじゃないと人間は危ないんだよ。一気に死滅するリスクもあるんだよ、と。

▼1割の生活を「バカげたこと」に賭け続けよう

日本人はただでさえ、みんな一緒の「一斉」行動が好きだし、学校もいまだに「みんな一緒に仲よく元気よく」を奨励し、正解至上主義の教育を続けている。

だから、会社という組織と時間割に慣れたサラリーマンは、コロナが騒がれ始めた3月でも9割通勤電車に乗っていた。みんないい子に、ちゃんとマスクをつけて。

Ｚｏｏｍでの会議が常態化し、リモートワークと交代勤務、さらにそれぞれ一人ひとりの休暇取得が当たり前になって「バラバラ」が習慣化するとどうなるか？

人事権と予算権を握ることで旧態依然とした会議を仕切ってきた中間オヤジ管理職は、ＡＩ武装したロボットの登場を待つことなく退場することになるだろう。Ｚｏｏｍ会議では、内容のない発言や付加価値を生まない輩（やから）はバレバレになるからだ。

一方、とくに若手や女性にはチャンスが生まれる。組織のなかでの過度な同調圧力に負けることなく、個人のなかに眠るちょっとした「狂気」が発動しやすくなるからだ。

日本民族は黒船が来ないと社会改革が行われないというクセがあるのだが、コロナはベストなタイミングで訪れた黒船である。

より個人の人生に寄り添った言い方をすれば、この本で提示するのは、会社の仕事でも個人の人生でも、もっとドラマチックにやろうよというメッセージだ。

1割の生活を「バカげたこと」に賭け続けよう

そのためには全体の時間の1割でいいから、バカなことをやり続けること。

コロナ前、withコロナ、コロナ後を問わず、読者が感じている会社や日常生活での沈滞や虚脱感も、この「ちょっとした狂気」の運用次第で突破できる。

そのことはつまり、芸術家ではない私たちでも、人生を芸術的に生きることができることを意味する。

太陽の塔で著名な故・岡本太郎画伯は、かつてTVコマーシャルで「芸術は爆発だ！」と語り、一世を風靡した。全体を爆発させなくても、人生を芸術的に生きることは可能だ。自分の中にある「ちょっとした狂気」を大事にして、それを一つひとつ丁寧につなげ、豊かな物語へと紡いでいくこと。

1割の生活を「バカげたこと」に賭け続けるだけでいい。

第1章

「ないのなら、つくればいい」
藤原和博は、
時計も〝編集〟する

スマホで時間はわかるから、わざわざ腕時計をしないかもしれない。とはいえ、車や家は所有せずシェアでもいいが、腕時計についてはちょっとお洒落したいという人もまだまだ多い。だからビジネス雑誌でも、時々、特集を組むし、腕時計をシェアしたり、サブスクで借りたりするという話は聞いたことがない。

ロレックスを代表格とするスイス・フランスメイドの高級ブランド時計は新品でも中古でも買えば数十万円はする。ジャガー・ルクルトのような宝石をちりばめた宝飾品になると1000万円を超えるものもある。

かつて映画館で上映されていた婚約指輪のコマーシャルでは「給料の3カ月分が目安です」と根拠のないメッセージを流していたが、それが相場になった(笑)。

一方、進学や就職、転職や昇進、婚約やなにかの目標達成などの機会に、自分へのご褒美として腕時計にどれくらいかけるだろう。ロレックスを基準とするなら、給料ではなくボーナス分の数十万円が常識ということになるのかもしれない。

しかし、その金額があるのなら、自分のブランドを立ち上げることが可能だ。工場を持つことなく（ファブレス）である。

実際、私が諏訪の時計師たちと開発した、漆や白磁のような日本古来の伝統技術を結晶させた腕時計「japan」「arita」は、10年で12モデルをデビューさせ、500本売れた。

文字盤にブランド名を入れないノンブランド商品だが、機械式ムーブメントはセイコーやシチズンのファクトリーアウトレットだから、壊れても街中の時計屋さんで直せて安心だ。ネットだけで売るので流通にかかる中間マージン分を職人さんに還元でき、継承が難しい伝統文化を支える役にも立っている。

今回は「自分へのご褒美はスイス・フランスメイドの高級ブランド」という常識を覆し、自分のオリジナルブランドを立ち上げるスタートアップの物語だ。

▼ないのなら、つくればいい

なーんだ。欲しいものが見当たらなければ、つくっちゃえばいいのか。

私は、たいていのものごとをこのように考える。

だから、もしかすると周囲の人からは、こんなふうに思われているかもしれない。

藤原には「常識」というものが備わっていない。いつも「バカげたこと」ばかりしている。ひょっとすると狂っちゃったのではないか、と。

はっきり言おう。

私は、自分が「ちょっとだけ狂っている」ことに自覚的だ。

だからそれは、改めて言われるまでもないどころか、褒め言葉にしか聞こえない。

私は常に、目の前の「当たり前」を疑いながら生きている。なぜなら、世間の「常識」や「前例」をそのまま採用することが「コトなかれ主義」につながると考えているからだ。なにより私は、誰のようでもない人生を切り拓きたいと思う。また、ただできえ同調圧力の強い日本で、社会全体の中心化（のちに解説するが、皆が似たような状態になってしまう力）になんとかしてあらがいたい、とも。

だからこそ、「正常」や「平均」や「標準」から距離をとるために、あえて「ちょっとだけ狂う」ことにしている。

そのために、自分の人生の1割を「バカげたこと」に投資するのだ。

この本には、私が「バカげたこと」に投資してみた結果が詰まっている。失敗、しくじり、叱責……そんな「負の三角形」に囚われて挑戦することを恐れる人が多い今だからこそ、このバカげた実践のかけらが、読者のささやかな勇気の素になれば幸いだ。

この物語では、私にとっての原点と言えるような体験を紹介しよう。

既存のブランドを買い求めるのではなく、自分好みのブランドをつくってしまえばいい。こうした考え方に確信を持てたのは、腕時計「japan」シリーズを開発したことが契機になっている。

▼40年使い続けた腕時計が壊れた

私には長年大切にしてきた宝があった。中学校の入学記念に両親からプレゼントしてもらった腕時計だ。黒い文字盤のセイコー・ロードマチック。１９６７年当時、１万５０００円だったと記憶している。

旅先で置き忘れたときでも、不思議といつも手もとに戻ってきた。10回以上は修理に出したから、修理代だけでも10万円以上かかったと思う。

その腕時計が52歳のとき、ついに壊れた。いつものように修理に出したが、もう直らないと時計屋さんに言われてしまった。12歳から52歳まで40年使ったことになる。

仕方なく、新しい時計を探しはじめた。東京都では義務教育初の民間校長として杉並区立和田中学校長に就任してから5年。ちょうどその任期を終えたところだったから、最後の卒業生を送り出す卒業式は、自分の卒業式でもあった。

「自分へのご褒美にロレックスでも買うか」

そんな思いで高級ブランドの時計を見てまわった。１冊３０００円もするようなブ

正常、平均、標準から距離をとりあえて「ちょっとだけ狂う」

ランド時計の専門誌を10冊ほど買いあさったことも。
それでも、美しいと思える時計には出会えずにいた。

▼「SPQR」との出会い

そんなある日、たまたま手にした『週刊ダイヤモンド』に掲載されている腕時計が目に飛び込んできた。長野県岡谷市にあるコスタンテという会社が企画生産していた純国産の腕時計ブランド「SPQR」。クロノグラフ系のゴテゴテしたものではなく、ベーシックなデザインで品があった。一目でそのデザインを気に入った。

私は、理想論や、べき論、机上の空論を嫌う。**思考実験している暇があったらまず動くべし。**これまでの経験からして、即行動を起こすことで掴んだもののほうが多かったからだ。一種の経験主義、「経験値」至上主義である。

だからこのときも、すぐにサイトから1万数千円するモデルを購入した。

後日、自宅に届いた腕時計を腕に巻いてみた。カジュアル用としてはなかなか良い。

思考実験している暇があったらまず動くべし

しかし、ガッカリした点もあった。「ソメス」というブランドの革バンドの色が、思っていたよりも白っぽかったのだ。ほかにも気付いたことがあったので、私は正直な感想を会社宛てにメールした。

すると間髪入れず、社長から丁寧なフィードバックが届いた。「返品も可」とまで提案してもらったのだが、十分納得できたので、次はビジネス用を買いたいということを伝えて、そのやりとりには決着がついた。

「この人物は信頼できる」直観的にそう感じた。

▼時計を「編集」する会社

コスタンテは、非常にユニークな会社だった。

社長の清水新六さんは諏訪精工舎（現セイコーエプソン）出身。ジェノバやミラノ、香港に駐在した経験を持ち、商品企画から制作の現場、メンテナンスやアフターサービスまで、時計づくりに関わるひと通りの仕事をこなしてきた。

そんな清水さんが、52歳のとき、「自分が欲しい時計をつくりたい」と一念発起してつくった会社がコスタンテだ。幅広い人脈とセイコー時代に学んだ技術を活かして、新しい時計をつくる仕事を始めたのである。

長野県の諏訪地域は、時計製造に関して言えば日本のメッカだ。諏訪／岡谷を中心に、ものづくりだけで40社、販売まで含めれば70社との連携を組み、清水さんオリジナルの時計が世に出て行った。

しかし、なによりも私の心をくすぐったのは、コスタンテが時計を「編集」する会社であったこと。清水さんは、自分の理想とする時計を少量生産で供給する一方で、高い技術力と人脈を武器にＯＥＭ企画、つまり顧客が希望するオリジナル時計の製造も請け負っていた。過去の実績としてはバーニーズ ニューヨーク、ＳＯＮＹ、早稲田大学などが挙げられている。

企業のニーズをヒアリングして形にする仕事――これはまさに「編集」ではないか！

ここで、私の中にある「ちょっとした狂気」がうずき出した。清水さんに会って、提案してみたいことがふつふつと湧き上がってきたのだ。

「私一人のためのＯＥＭ――つまり、藤原和博の『自分ブランド』をつくってもらえませんか？」

▼「時計ファンド」による個別生産

清水社長との会食は2008年3月末、蓼科（たてしな）のホテルで実現した。

すでにある「ブランドもの」ではなく、本当に自分が欲しいと思える「自分ブランド」の腕時計をしたい。私はのっけから、清水社長にその思いを伝えてみた。

「究極のOEMとして、『自分ブランド』で時計を編集してもらうことはできませんか。私が納得できるネオ・ジャパネスクな腕時計を、清水社長のネットワークで部品を調達し、組み立てて、納めていただきたいんです」

この時点で、私のなかには次のような構想があった。

1　世界中のフォーマルな場でも恥ずかしくない「風格」と「気品」を兼ね備えた腕時計

2　日本の技術が生きていて、ムーブメント（時計の心臓部の駆動機構）だけでなく、他の部品も日本製

3 「ネオ・ジャパネスク（新しい日本風）」なデザインで、飽きのこないもの。

さらに、友人たちに語れる「物語」があると嬉しい。

重要なのは私のなかに、このビジョンを実現するための秘策もあったことだ。「時計ファンド」による個別生産というアイデアである。これは、書籍における出版社と著者（作家）とのパートナーシップに着想を得たものだ。

具体的に説明しよう。

著者と出版社はパートナーシップのもとに一冊の本を仕上げる。著者はその企画の取材や研究、経験を通じて執筆する時間を投資し、出版社は製造と流通を請け負った上で、在庫リスクを負う。そのような共同事業が書籍出版である。

このプロセスにおいて、著者は在庫リスクに対して最初にお金を負担することはないので、売り上げに対する印税は10％前後と相場が決まっている。「出版ファンド」を組成し、投資家を募って、海外のベストセラー本の翻訳を手掛けるような出版社もある。

絵画などの芸術作品についても、画家と画商の関係に同じような仕組みが働いており、そこでは売れた絵画の儲けが両者の力関係や貢献度に応じて配分されるのだ。「腕時計」という商品についても、同じようなスキームでできるんじゃないか。名付けて「時計ファンド」。

「このように、最初のモデルをつくる投資をもし私自身が負担して、それが売れたら利益を折半するというような、そんな新しいやり方ができないでしょうか」

一気呵成（いっきかせい）に話し終えたところで、私は清水さんの反応をうかがった。

▼「YES、But」が物語を生む

今だから言えることだが、正直なところ私は「NO」と言われると思っていた。自分一人のためだけにOEMをつくれるかなどと言われたら、普通は「できません」と答えるはずだ。もしそう言われたら、清水さんが持ってきてくれたビジネス用の腕時計を一本買って帰って、この話は終わりにしよう。わざわざ時間をつくってホテルまで来てもらっているわけだし、私にだってそれくらいの常識はある。

しばしの沈黙が流れる。そしてついに清水さんが口を開いた。

「条件付きでなら、できます」
答えは——「ＹＥＳ」だった！　その返答を聞いた瞬間、私の脳はスパークした。

「この人となら、組める」

清水さんは頭の柔らかい人物だった。クリアしなければならない障害や条件はあるが、基本的に「できないことはない」と語ったのだ。彼には、私と同じように「ＹＥＳ、Ｂｕｔ」で考える癖がついていた。

私は、学校長をしていたころに、嫌というほど「ＮＯ」を聞いた。「ＮＯ」から入るタイプの人は、できない理由を真っ先にあげつらい、予防線を張る。そうすると身動きがとれなくなり、失敗すらできなくなる。結果、事態はなにも動かない。

一方、「ＹＥＳ」から入るタイプの人は、どう実現するかを前提に考えていく。もちろん、成功するか失敗するかはわからないが、まずは動き出してみるのである。

清水さんも私も同じタイプだった。あとはもうやるしかない。清水さんが「ＹＥＳ」と答えた瞬間、この「物語」は動き出したのである。

▼時計業界の「常識」

私は、清水さんとの交流を深めるなかで、時計業界の「常識」を知っていくことになる。それは、素人からすれば驚愕のものだった。

1つは時計の生産ロット。つまり、大手時計メーカーが、1つの型でいくつの時計を工業生産しているか。私は当初、多品種少量生産時代だとはいえ、最低でも5000個とか1万個くらいはつくっていると考えていた。ところが、清水さんの答えは「いまや300個以下ではないか」というものだった。

これは同時に吉報でもあった。仮に原価が1万5000円の時計を200個つくったとしても、かかる初期コストは300万円程度である。それぐらいの金額があれば、自分ブランドの時計は生産できるということだ。

もう1つ度肝(どぎも)を抜かれたのは高級腕時計の原価である。例えば、200万円で売られている世界を代表するようなブランド物の高級腕時計の原価はどれくらいか。

清水さん曰く、ムーブメントと呼ばれる機械式腕時計の駆動装置（いわば、自動車

「Yes、But」で考える

でいうエンジン）は、技術の進歩が極まっているためか何社かに集約され、今や大量に生産されているという。そのため、価格は4500円くらいとみられるが、実際にはもっと安いという説もあるそうだ。

ダイヤモンドを文字盤にちりばめるなど、特殊な貴金属（ジュエリー）を使わなければ、ケースを合わせても原価は2万円程度と推測される。それが200万円のブランド品に化けるのだ。

「付加価値を生むブランドの力というのはすごい！」

これら、時計業界の常識を聞いた私は即座にひらめいた。**日本の美を取り入れた国産時計――つまりネオ・ジャパネスクを基調とした「私にとっての理想の腕時計」を高級ブランドと同じクオリティに仕上げれば、諏訪の時計師たちや文字盤を加工する伝統職人に十分な報酬を払っても**（つまり、原価を思いっきりかけても）、**20万から30万円で売れるのではないか。**

清水さんと別れて東京に帰った私は、「新しい日本人のための腕時計」のイメージを改めて整理し、その日のうちにファックスで送った。自分のイメージをビジネスパートナーに少しでも正確に伝えるための図解である。

自分の思いや考えを絵や図にする

コスタンテ清水社長宛てに
私が送ったファックス

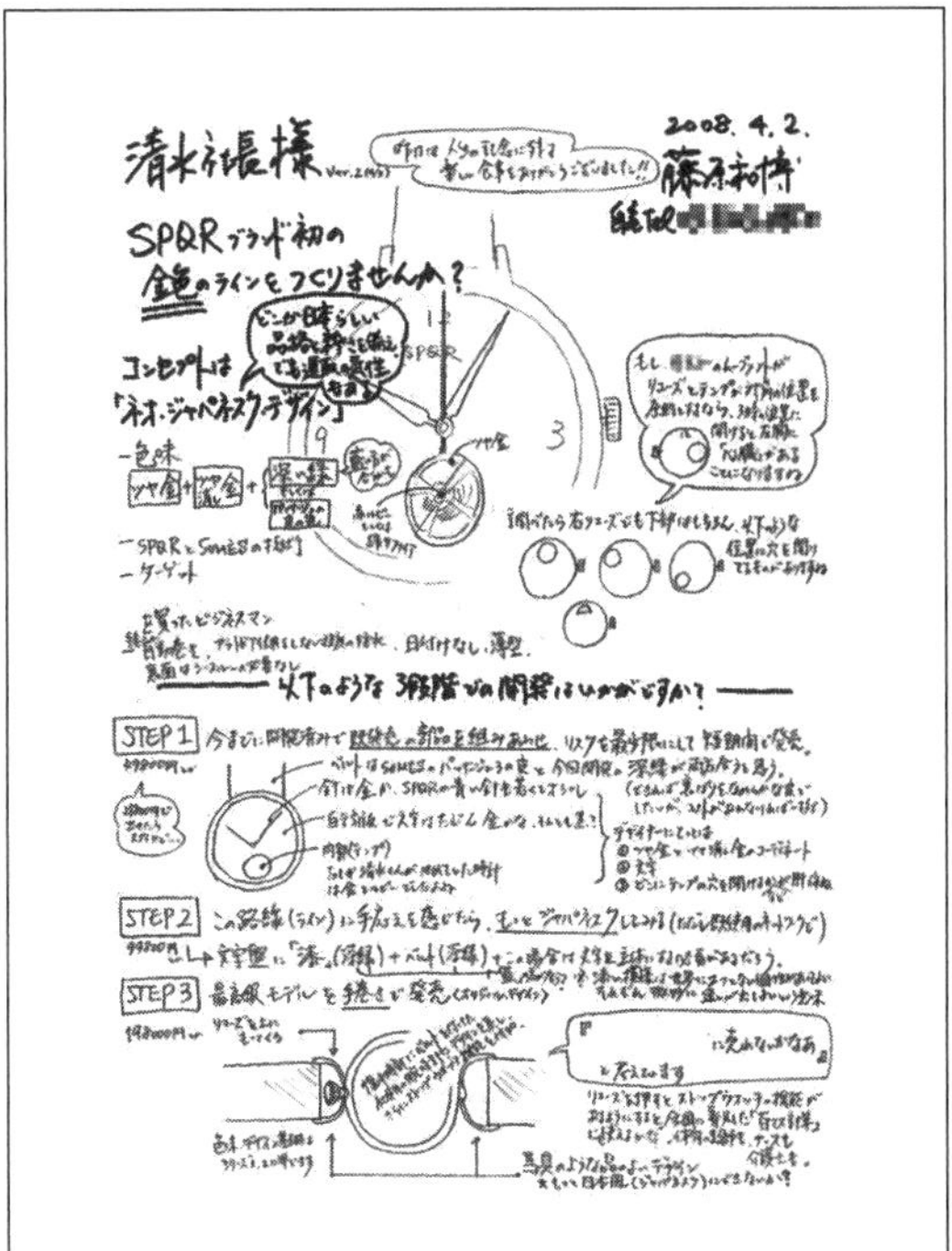

自分のイメージを
少しでも正確に伝えるために
図解する

自分の思いや考えをサッと絵や図に描いて他者にプレゼンできる「情報編集力」は、こういうときに役に立つ。

イメージが共有されやすくなるから、夢やビジョンが、文字だけで書くよりはるかに実現に近づくのだ。

▼ネオ・ジャパネスクの原点

少し話が前後するが、私が「ネオ・ジャパネスク」というデザイン・コンセプトを大事にするに至った経緯についても話しておこう。

おそらくこれはヨーロッパで暮らした経験が大きい。パリとロンドンでアパートと戸建ての両方で暮らしたために、欧米的なライフスタイルを体感しながら、同時に日本的なものとはなにかということについて、じっくり考える時間があったのだ。

だから、日本に帰国した私が最初にこだわったのが、自分たち家族が住む「家づくり」だった。それも、西洋的な便利さと日本的な伝統文化を合体した新しい世代のための家。このときの成功体験が、腕時計をはじめとするさまざまなプロジェクトのベ

情報編集力は、夢やビジョンを実現に近づける

ースになっている。なお、このときの家づくりの体験については『建てどき』という本に詳しくまとめている（のちに『人生の教科書［家づくり］』として文庫化／隈研吾・解説）。

そんな私の次なる挑戦が「腕時計づくり」だった。

ネーミングは「japan」。文字通り「ネオ・ジャパネスク」を象徴している。文字盤は藍色の漆。大文字で始まる「Japan」は「日本」という意味だが、小文字の「japan」には「漆」や「漆器」という意味がある。長野オリンピックのメダルには漆が使われていたが、その漆職人に依頼するのはどうだろう。

清水さんに全体像のアイデアをファックスした翌日には、各パーツの質感をイメージできるように、世界的名品の時計の写真を雑誌から切り抜き、コラージュしたコンセプトシートも送った。

そうしたスケッチを進める過程で、私はもう1つ、時計業界にはびこる「常識」、いや、思い込みや先入観に気づいたのだ。

それは、時計の「心臓」の位置である。

▼ブランドに込めた「こだわり」

「自分ブランド」をつくるとき、私は文字盤から機械の動きが見えるシースルーの窓を開けたいと考えていた。その場合、通常通りの手はずだと、窓は向かって左側につけることになる。

でも、私からすればこの位置は、ちょっと居心地の悪いものだった。

「時計を人間の体に見立てると、テンプ（振動する部品）は心臓ですよね。それは従来品では通常、時計をしている人から見たら向かって左、つまり腕時計からすると自分の体の右側に収納されている。でも、心臓なら本来左側にあるべきでしょ。だから、時計本体の左側（時計をしている人から向かって右）に置かれるべきではないでしょうか？」

これは、アイデアを目に見える形にする過程で浮かんできた素朴な疑問だった。

しかし、清水さんに聞いたところ、私の発想は時計業界の「常識」からすれば、まったく「非常識」なものだという。つまり、向かって左側にテンプがあるのは、ねじを巻くための竜頭(りゅうず)を反対側の右側に出すためなのだ。

右利きの人が時計をするのは通常は左手である。そのとき、向かって右側に竜頭がないと右手で巻きにくい。腕時計をしたまま、右手で竜頭を巻いたり、針を正しく合わせたりするには、そのほうが便利だという理屈だ。こうして、(左利き用の時計は別だが)右利き用の時計の竜頭は右に出ているのが「常識」になっていた。

ただ、素人の私にとって、そんな常識は納得できるものではない。

今や、たいていの時計は手巻き機能のある自動巻きである。しかも、今どきの時計はそうそう時間が狂わない。だとすれば、時計を腕にしたまま竜頭を手で巻く必要性は、日常生活においてほとんどないではないか。

だったら心臓を正しい位置に置きたい。これが私のこだわりになった。

竜頭の位置は慣習としてそうなっていただけのものだったので、技術的にも不可能な話ではなかったのである。なにより清水さん自身、この心臓の位置をめぐる「物語」は、逆にウリになるのではないかと面白がってくれた。

実は、40年間、右竜頭の腕時計をしていた私の左手の甲には、竜頭がぶつかるためにできた痕がついている。女性などは、こうした傷を嫌うはずだから、左竜頭はかえって歓迎される可能性があった。

▼「狂ってみたい」という願望をくすぐる

こうした一連のアイデアを製品デザインとして形にしてくれたのは、デザイナーの岡谷哲男さんだ。もちろん清水さんの人脈である。

諏訪精工舎で長くチーフデザイナーとして活躍し、新製品を世に送り出してきた岡谷さんは、世界最高峰のスイスジュネーブ・ウォッチデザインコンテストでグランプリを獲得した第一級のデザイナーだ。岡谷さんは、私の「常識破り」をおおいに面白がってくれた。

彼の手による最初のコンセプト図を見た瞬間、私はこのプロジェクトの成功を確信した（2ページ）。

「これこれ、これだよ！　俺が欲しかった時計は‼」

「japan」の文字盤の12時位置には、朱色の丸が夜光塗料で描かれているのだが、このアイデアは、私のイメージを受け取った岡谷さんによる創作だった。

また、引き込まれそうなほど深い宇宙を思わせる藍色に、朱色の夜光が浮かびあがればきっと美しいと、文字盤周囲の壁部分に蛍色の夜光を埋め込んで、「宇宙に浮かぶ『豊穣の月』」のごとく演出したのは清水さんのアイデアだ。

この「豊穣の月」に使った朱色の夜光は、東京・杉並区にある根本特殊化学という会社の製品だ。夜光塗料などの特殊塗料の分野では世界的に有名な会社で、他につくれるところはない。さらに、この会社の根本社長とは学校長時代に私が自ら行う「よのなか科」の授業のゲストに呼んだことがあるという偶然の縁もあった。

さまざまな縁に支えられ、新しい時計づくりは進んでいったのである。

それにしても、よくもまあ、こんな「常識外れのプロジェクト」にみなさんついてきてくれたものだ。**今思えば、私のなかに「ちょっとした狂気」が潜んでいるのと同じように、清水さんや岡谷さんのなかにも「狂ってみたい」という願望があったのかもしれない。**

デザインというクリエイティブな世界であるとはいえ、お二人は所属する企業の制約や提示される条件の中で仕事をしてきた。大企業には豊富な資金や人材がいるが、

「狂気」が同志を結びつけ、やがてそれを「物語」に変える

自由な発想で「遊ぶ」ことは許されなかったはずだ。だからこそ彼らは、私の「バカげたリクエスト」に対し興奮を覚え、楽しんでくれたのではないだろうか。

「ＹＥＳ」と「ＮＯ」が目の前にあったときに「ＹＥＳ」を選べる人がいて、この人となら失敗しても後悔しないと思えるのであれば、多少の無理難題でも全部任せてしまっていい。腕のある人たちに自由に遊んでもらうことで、物語が増殖し、大きなエネルギーのうねりを生み出すからだ。

「狂気」は、その芯に寄ってくる同じ志を持った「同志」をくっつける接着剤の役割を果たし、それがやがてドラマチックな「物語」に変わるのだ。

それに、これは人生すべてをかけた博打ではない。24時間あるうちの1時間をかけた遊びだからこそ、全力で「バカげたこと」ができる。転んだことすら、あとで酒席の「ネタ」になる――それくらいの気持ちでかまわない。

かくして、藤原和博プロデュースの自分ブランド「japan」は、清水さんと出会ってからわずか半年ででき上がった。清水さん曰く「大手メーカーだったら製品化に5年はかかる」というから破格のスピードである。通常は商品化のための耐久テストなどに時間がかかるから、このスピードはＯＥＭだからこそ実現できたものである。

価格はゴールドモデル25万2000円（税込）とシルバーモデル18万9000円（同）とハイエンド。それぞれ限定25本という希少性もあり、ネット上だけでのプレゼンだったにもかかわらず、製品見本ができる前の2008年12月末に完売した。

ストーリー性を求める本物志向の消費者はお金を惜しまない。私はそう確信した。

▼「japan311」と奇跡の石

「japan」ができた段階で、私はもうプロジェクトは終わったな、と考えていた。求めてやまなかった理想の腕時計は完成したのだから、続ける必要はなかったのである。しかし、面白いことにこの「物語」は、そこで終わらなかった。

「藤原さん、次もやりましょうよ！」

なんと、製造にあたる清水さんをはじめとする仲間たちが皆「ネオ・ジャパネスク」の時計にやりがいを感じてしまったのだ。もちろん完売後も問い合わせが続くなど、「japan」の人気が高かったこともあるだろうが、内心言い出しっぺの私がいちばん驚いていた。「え!!　まだ続くの!?」といった具合である（笑）。

こうして2010年には、第2弾として「japan2010」2種が発売された。ベゼル部がピンクゴールドの仕様が25本、ステンレス仕様35本の限定品だ。

ただ、私のなかで最も思い出深いのは、第3弾である。

その物語は、東日本大震災をきっかけに生まれた。震災直後から避難所にスイーツや支援物資を届けるボランティアを続けていた東北出身の友人・立花貴（たかし）さんが、私のところに状況報告にやってきた。そこで私は早速現地を回り、被害が甚大な宮城県石巻市雄勝町（おがつちょう）を継続的に支援することに決めた。

そのときに知ったのが「雄勝石」という石の存在だ。雄勝石は雄勝町の特産品として知られ、子どもの頃に私も使っていた書道の硯もこの石が原料だ。

丈夫で美しいので屋根瓦としても使われるのだが、復元計画中の東京駅の駅舎の屋根に張られる予定だった。一時は、津波で出荷直前の瓦が流されてしまったというニュースが流れ、建設関係者は青くなったそうだ。

ところが、重みで沈み込んだために無事だったのだ。泥まみれの雄勝石の瓦をボランティアが掘り出し、洗い清めてなんとか出荷に漕ぎつけたから、今は無事、東京駅駅舎の屋根に乗っている。雄勝石は、津波から蘇った奇跡の石だ——。そう思った私は、なんの気もなくコスタンテの清水さんにその話をしてみた。

するとは、清水さんが驚きの提案をしてきたのである。

「その雄勝石をメモリアルな文字盤にして、時計をつくりましょう」

文字盤に使うということは0・4ミリにスライスしなければいけない。瓦に使うような石でそんなことが可能なのだろうか？

素人の私には技術的なことはまったくわからなかったが、そのアイデアには心が動いた。すぐに立花さんに連絡を取り、雄勝石を一枚送ってもらうことに。

そこからはやはり早かった。震災からわずか5カ月後には「japan311」が発売されたのだ（1ページ）。

40本つくったうちの30本を30万4500円（税込）で販売し、残りの10本は地元関係者に寄贈した。また、売り上げから300万円を寄付。伝統の「雄勝法印神楽」を復興するため、津波で流された太鼓や衣装の購入費用とした。

重要無形民俗文化財を復興するというメッセージが強烈だったこともあり、このモデルもあっと言う間に完売したのである。

「japan311」は珍しい「ひょうたん型」のシースルーで、金色に輝くテンプによる時の刻みがはっきり見える。針を動かす中央の歯車カバーは深い碧の波状だが、これは「津波」を表現したつもりだ。

「津波」で奪われた「とき」を再び動かすために、人間の英知を結晶させた雄勝石が奇跡を起こし、未来への「とき」を刻み始める。そうした祈りをこめた時計だ。

　ちなみに、最初に購入してくれたのは、五井(ごい)平和財団の理事長・西園寺裕夫(さいおんじひろお)さん（かの西園寺公望(きんもち)の直系の方）だった。また、雄勝へ向かう電車の中でたまたま一緒になったフリーアナウンサーの膳場貴子さんもコンセプトに共感し、その場で購入を決めてくれた。みなさん喜んで、この奇跡の石の物語に参加してくれたのだ。

　また、この時計を見た作家の林真理子さんが、「私もぜひ支援したい。でも、藤原さんの時計は女性用としては大きすぎる。女性用はつくらないの？」と言ってきた。それをきっかけに女性用の「japan311L」もつくることに。

「japan311L」には、津波で流された雄勝町の「帆立貝」を文字盤中央に埋め込み、竜頭のトップには「牡蠣」をあしらった。文字盤の外縁部はジャパンブルーの漆で、11と3だけ洋数字で描かれている。「2011年3月」と「3月11日」を記憶にとどめるための文字盤だ。この時計も林さんの力添えもあって、瞬時に完売した。

▼コトあれ主義で人生に臨め

その後も「japanシリーズ」は進化を遂げていく。

たとえば、２０１６年は１６１６年に日本で最初の磁器である有田焼が生まれてから４００年を記念する年だった。有田焼の美しさは、今や世界の人々に熱望され、日本の伝統工芸品の代表となっている。そこで、清水さんと私は、その年までに有田焼の白磁で文字盤をつくれないかと考えた。

タイトルはズバリ「arita」。

白磁で文字盤をつくる、というのは言うは易しだが、難題も多かった。それを技術的に解決してくれたのが、有田焼の窯元で１８３０年創業の「しん窯」である。詳細は省くが、腕時計「arita」は、白磁４００年の歴史の中で、オールドセラミックとニューセラミックの技術がはじめて融合した製品と言わしめる成果を残した。

竜頭の先端にまで蛇の目模様の有田焼が付けられた希少な作品で、２０１５年には白磁の文字盤の12時位置に朱色の太陽を置いた「arita - japan」も限定100本で発売している。これは私も日常的に腕にしているものだ。

さらに面白いのは、この有田焼の文字盤に目を付けたセイコーがこの物語に参加してきたことである。なんと、私たちの生み出した白磁の文字盤を、セイコーが「プレサージュ」の匠の技シリーズに採用したのだ。

ある日、セイコーの担当者から「このアイデアを拝借したい。別の白磁メーカーにつくらせるので認めてほしい」という話があった。しかし、私にとってみたら、この腕時計プロジェクトは「バカげた遊び」の一環である。アイデア料で儲ける気もないし、一銭もいらない。だったら、むしろ苦労して私たちの理想を実現してくれた職人たちのために「しん窯」を使ってあげてほしいと思った。

だから、そのまま「しん窯」を使ってもらうことと、「セイコーが真似をした」とあとで私が喧伝しても怒らないことを条件に(笑)、許可を出した。

この「japan」「arita」のシリーズは、この10年で第12弾を発売するまでに進化した。ハイエンドの腕時計とはいえ、ほとんど店にも出していないのに、口コミだけで500本近く売れたことになる。

諏訪と有田にお金が還流し、ひいては「日本のものづくり」技術の伝承を応援することにつながるはずだ。世界の高級ブランドと同じかそれ以上の品質のものを、納得できる価格で売り続ければ、清水さんにも利益が残るから、三方よしだ。

ちなみに、清水さんはこうしたプロジェクトで得た利益を使って、後に紹介する「ラオスでの学校建設」にも寄付してくれている。

こうした話をすると、「どうせ藤原さんだからできたことでしょう?」とか、「また自慢話ですか（笑）」などと言う人がいる。もちろん、「私だからできた」という側面があることは否めない。この物語はリクルートや和田中時代も含めた、私のこれまでの人生の縁に拠(よ)っているところが大きいからだ。

しかし、このエピソードを通して伝えたいのはそんなことではない。伝えたいのは次のようなことだ。

世間の常識や当たり前を疑おう。「コトなかれ」ではなく「コトあれ」主義で、動いてみよう。そうすれば、まず自分の中にある「ちょっとした狂気」が目覚めるはずだ。すると、あなたの狂気に「相手の狂気」も共鳴する。

キングコングの西野亮廣(あきひろ)さんの言葉を借りるなら、その瞬間、自分と相手方との「共犯関係」が生まれるのだ。ビジネスの物語は、この連鎖反応によって加速度的に大きなエネルギーになっていく。儲かるか、儲からないかは別の話だ。

でも、けっして損にはならない。なぜなら、かりに失敗したとしても、「狂気」から発した物語はあとでいくらでも会話のネタになり、仲間を惹きつけるからだ。

▼芸術的に人生を生きるために

「japan」「arita」の例で言えば、コスタンテの清水さんやデザイナーの岡谷さん、そして諏訪を中心に製造販売に携わる70社のスタッフだけでなく、この腕時計を買った人までも、すでに共犯関係になっている。

ブランド品の腕時計とは違って、諏訪の時計師たちの情熱と、木曽の漆職人や有田の白磁職人などの技術の継承に手を貸していることになるからだ。その意味で、この腕時計の消費者も、日本のものづくりの伝統文化を守る意識を共有する、いい意味での「共犯者」なのだ。

もちろん、「完全なバカ」になる必要はない。

「コトなかれ」ではなく「コトあれ」主義で動いてみよう

肝心なのは「バカげたこと」に自分の人生の一部分を投じることである。1日は24時間あるのだから、1日1時間でもいいと思う。

それでも1年で365時間、10年で3650時間かけられる。30年かければ1万時間を超す。芸術家ではない私たちでも、人生を芸術的に生きることはできるのだ。それが脱・中心化を突破するための鍵になる。

自分の中にある「狂気」を大事にして、それをつなげていくこと。1割の生活を「バカげたこと」に賭け続けるのだ。

それが、藤原流「芸術的生活術」なのである。

時計企画室　コスタンテ／SPQR

第2章

1台350万円超。奈良で生まれた「型破り」なかき氷マシン

かき氷はおいしいが、それをつくるマシンはあまりお洒落じゃない。

これが常識だろう。でも、そのマシンをイタリアンデザインで磨き上げ、氷を削る方法を精査し、日本の職人技術を結集したらどんなマシンができるだろう。

今回は、この一見無謀な仮説に挑戦した奈良の塾の塾頭の物語だ。

かき氷といえば読者は、涼しげな皿かカップに山盛りに盛った氷にさまざまなシロップをかけて食べるスタイルを思い浮かべるはずだ。

近年、かき氷ブームが起きたのは、第一には氷がサクサク削れるようになったハード面での技術開発に拠っている。

第二に、混ぜ合わせるものが、昔のように色が違うだけでメロンもイチゴもレモンも大して味が変わらないというものから、生ジュースやコーヒーやたっぷりのクリームやワインなど、多様な素材を使うようになったソフト面での進化による。

２０２０年秋、かき氷界のフェラーリとも呼ばれる「himuro」がデビューしたのだが、これはまさに第三のジャンプと言えるだろう。価格は１台３５０万円超。

常識外のハイエンドマシンだ。

お酒を凍らせてから削るフラペチーノ・カクテルを提供するカフェか高級なバーにしか置けない。むしろ、最高級のエスプレッソマシンに近いかもしれない。

なぜ、このようなチャレンジが奈良発で行われたか。それは東大寺の門前にある氷室神社が氷屋さんやかき氷屋さんの聖地だからだ。

たぶん1300年以上前、聖武天皇に献上する食物を氷によって保存した冷蔵庫だった。平城京ではすでに氷を商品として売っていたし、平安京では清少納言が『枕草子』に「あてなるもの。（中略）削氷（かずりひ）の甘葛（あまづら）に入りて、新しき鋺（かなまり）に入りたる」と表現している。

聖地から誕生したかき氷マシン「himuro」、成功か失敗かはまだ五分五分だ。

▼「思いつき」を大切に

自分は世間の「常識」や「前例」にとらわれていないか？
空気を読み、忖度して、コトなかれ主義の人生を歩んでいないか？

腕時計「japan」シリーズの誕生物語を読んだ読者の皆さんは、少なからずそう自問自答したはずだ。

もちろん、勤め人として仕事をする上でルールを無視して暴走しろという話ではない。自分の人生の一部分、1日1時間でもいいから「バカげたこと」に投資をしてみませんか？　という提案である。そうすることで、それまでの人生では見ることができなかった景色を目にすることができる。想像を超える出会いが訪れるかもしれない。

投資をすると言っても、大きな資金は不要である。なにかやりたいこと、面白そうなことに出会ったら、あれこれと「やらない理由」を考えるのではなく、まずは一歩を踏み出してみるだけでいい。

やらない理由も
お金も要らない。
まずは、一歩を踏み出そう

腕時計「japan」シリーズをつくるときは、「NOと言われるかもしれないけど、自分一人のためだけにOEM生産をしてほしいと話してみよう」という私の思いつきが火種になった。その火は、コスタンテの清水さんやデザイナーの岡谷さんに燃え移ってキャンプファイヤーのような大きな炎になり、それがさらに人を惹きつけた。

誰しも、日常生活の中で「こんなサービスがあったらいいな」「こんなものがあったら面白い」とひらめくことはあるだろう。そういう思いつきを大切にしてほしい。パッとひらめいたアイデアの火種が思わぬ方向に燃え広がり、予想もつかない展開になることもあるからだ。

奈良で製造が進むイタリアンデザインの超ハイエンドかき氷マシン「himuro」。日本の職人の手仕事でできた1台350万円を超えるフェラーリのようなかき氷マシンはまさに私の思いつきから生まれた、現在進行形で進む予測不可能なプロジェクトだ。

このかき氷マシンをゼロから開発しているのは、上田勝さん。かき氷マシンのメーカーの人ではないし、製造業に携わったこともない。本業は、塾の経営者だ。

初めて上田さんに会ったのは、奈良市立一条高校の校長に赴任する半年前、201

思いつきが、予想もつかない展開を起こす

5年の秋ごろだった。私は、一条高校が実際にどういう評価を得ていて、どういうポジショニングなのかを知りたかったので、奈良市内の塾を回って、話を聞いていた。

その時、面白い人だなと思ったのが、奈良で「学習塾優」を経営している上田さんだ。どこの塾でも、基本的には一条高校の印象や受験の話で終わるのに、上田さんはこれからの教育という話のなかで、『MAKERS 21世紀の産業革命が始まる』(クリス・アンダーソン著、関美和訳、NHK出版)について、熱心に語ったのだ。

3Dプリンターの登場によって変わるモノづくりについて書かれた本で、日本のビジネスマンにとっても参考になる内容である。

私は、自分のアンテナに引っかかる人に出会うと、その人を深掘りすることにしている。どういう風に育ったのか、どうして今のような人間になったのか、興味がある。

上田さんにいろいろと質問してみると、学生時代にレンタルレコード屋を起業して、その後に塾を開いたという。ただものではない気がして後日ゆっくり話を聞いてみると、とんでもなくユニークな経歴を持った人だと判明した。私のアンテナに狂いはなかった（笑）。

▼レンタルレコード屋で大儲け

１９６１年、奈良の天理で生まれた上田さんの実家は、電器店を営んでいた。

お店に出入りしている業者にレコードレンタルが東京で流行っているという話を聞いた時、上田さんは「１枚３０００円するレコードを３００円で借りてテープに録音できるなら、若者が絶対に食いつくはずだ」と確信したそうだ。

上田さんの行動は早かった。父親に相談し、物置きとして使われていた電気店の２階をレンタルレコード屋に改装。父親を保証人につけて銀行から５００万円を借り入れ、音楽仲間に声をかけて、レコード１５００枚を一気に買い付けたのだ。

気になるのは、父親の存在である。

なぜ、ここまで全面的に息子をサポートしたのだろうか。それは、上田さんの子ども時代からうかがえる。

「おやじは多分、僕を商売人にしたいという思いがあったと思うんです。３〜４歳の頃から店番をしたり、ポスティングするチラシを折ったり、手伝いをしてましたから。中学の頃はおやじに連れられて、テレビのアンテナやエアコンをつけたりしてました」

高校生になる頃にはすっかり腕も上がり、父親からエアコン1台、1万2000円もらって設置のアルバイトをするようになった。業者に支払うと2万円弱するので、父親にとっても安上がりなのだ。上田さんは夏休みにフル稼働して、数十万円稼いだ。

こうして幼い頃から商売の基本を叩き込んでいた父親だから、息子が商売をしたいと言ってきたとき、支援を惜しまなかったのだろう。

「しょうもない喫茶店でバイトするより、自分で店やらしたらおもろいやん、と思ったんでしょうね」と上田さん。

奈良市内に1号店を出したのは、業者から話を聞いてからわずか4カ月後の1981年10月。余った資金でチラシをつくり、大学の前で撒いた。

迎えた初日、とんでもない数の客が押し寄せ、路上にまで長い行列ができて、なにごとかと警察が来たそうだ。その日、1500枚のレコードがほとんどすべて棚から消えた。単純に計算すると、1日45万円の売り上げだ。

翌日以降も、戻ってきたレコードがその日のうちに借りられていくという流れが続き、「これはいける！」と手ごたえを得た上田さんは、なんと2週間後、2店舗目をオープン。こちらも大繁盛すると、その2週間後、3店舗目も開いた。

スタッフは中学、高校時代の友人や音楽仲間。相場より高い時給600円、「アルバイトは音楽聞き放題、テープに録音し放題」という条件だったので、人手に困ることはなかった。

経費は1日に2〜3人のアルバイト代だけだから、利益率が高い。多いときには3店舗合わせて売り上げが1日100万円を超える日もあった。

こうして上田さんは、大学1年生の社長として、デートとドライブとバンドに精を出す生活を手に入れた。上田さんが遊んでいる間もレンタルレコードの客足は途切れることなく、フランチャイズ展開もして、在学中に6店舗まで拡大した。

▼〝グレー〟だった商売を合法化

その頃、全国各地でレンタルレコード屋が登場したため、各レコードメーカーと著作権を管理するＪＡＳＲＡＣが著作権法違反を指摘するようになった。

これに対して、レンタルレコード屋の経営者たちが立ち上がり、レコードレンタル商業組合を設立。上田さんのほか、当時、大阪の江坂で本屋とカフェとレコードレンタルを合体させた店舗を開いて話題になっていた蔦屋書店の増田宗昭さん（カルチュア・コンビニエンス・クラブの創業者）もメンバーに名を連ねた。

「蔦屋さんは、国道1号線沿いで立派な2〜3階建てのコンクリート打ちっぱなしの建物でしたね。店舗は１００坪以上あって、たとえば松任谷由実とかやったら１００枚ぐらい在庫が置かれててね。駐車場のスペースもはんぱなく広いし、同世代だけどすごい人やな、と思ってました」

１９８４年、レコードレンタル商業組合の設立が認可され、グレーだったビジネスが晴れて合法化された。その後、組合がレコード会社からまとめてレコードを仕入れるようになったことで仕入れ価格も下がり、レンタルレコードの事業はますます好調に。

「レコード1枚当たり、6回か7回貸し出せば元が取れて、それ以降はずっと利益なんですよ。最初に銀行で借りた５００万円の返済が月々30万円以上ありましたけど、開業から2年もしないで完済しました。組合ができてからは、自分たちで買い集めなくてもFAXで注文すればレコードが届く仕組みになったし、気楽な商売ですよね」

ここ数年、学生起業家も珍しくなくなったが、上田さんはまさにそのパイオニアだった。しかも、若かりし頃の増田さんと組んで、レンタルレコードを合法化したというんだから、面白い。

▼生徒数6000人の学習塾グループを設立

85年に大学を卒業した上田さんは、「気楽な商売」を続けながら、次のビジネスに乗り出した。

父親から「学習塾のフランチャイズというのがあるけど、面白いんちゃうか?」と誘われて、二人で学習塾のフランチャイズビジネスを始めたのだ。

ちなみに、電器店は上田さんの兄が引き継いだ。この兄が、かき氷マシンの開発に重要な役割を果たすのだが、それはまだ先の話である。

新しいビジネスは、大阪に拠点を持つ某大手学習塾からフランチャイズを拡大する権利と学習ノウハウを数百万円で買い取り、サブフランチャイザーとして地元で展開するというものだった。

根っからの商売人の上田親子は3つの塾を直営し、さらに4年で30ほどの教室をつくって系列チェーンで全国トップの教室数と生徒数を誇るようになった。

「バブルの頃だから、小さなテナントビルがどんどん建ってましてね。1階、2階は借り手がつくんですが、それより上はなかなか借り手がつかないでしょう。そこがちょうど20坪から30坪ぐらいだと、塾にできます。それで、オーナーさんに『近所の子ども集めて勉強を教えるのは社会的にも尊い仕事じゃないですか。夕方の6時から9時ぐらいの時間帯だけで商売としても成り立ちますよ』というと、オーナーさんが、自分の奥さんや息子にやらせようかという話になることが多かったんですよ」

この時、子どもの教育は一筋縄ではいかない、マニュアルに沿った画一的な教育をしてもうまくいかないと気づいた上田親子は、本部に対してあれこれと要望を出した。すると本部のオーナーから「もう、やめてしまい」と言われたので、奈良県内に築いたフランチャイズをすべて引き連れる形で独立を決めたというから、なんとも大胆だ。

系列最大のサブフランチャイザーの独立騒動は全国に影響を与え、16のサブフランチャイザーの脱会につながった。上田親子はこの16団体をまとめ上げ、父親が代表、上田が事務局長に就いて、1990年、「学習塾優」を立ち上げた。

奈良の電器店の社長と、レンタルレコード屋の若大将が、いきなり全国に150の教室と6000人の生徒を持つ学習塾グループのトップに立ったのだ。

▼目の前の子どもたちに合った教育を

上田親子は、マニュアルと全国統一のカリキュラムで縛る方式はやめ、新規開拓も控えた。さらに、教材やノウハウなどは共有しながらも、各教室それぞれが独立して指導、経営する方式をとった。脱退の理由である、目の前の子どもたちに合った教育を実践するための決断だった。

上田親子についてきた奈良県内およそ30のフランチャイズに対しては、講師の派遣、広告チラシの制作、教材の提供、新しい学習システムやプリント類の提供、学費の引き落とし、講師料の支払いまで、管理業務の代行を担った。

90年代半ばに入ると、レンタルCD、レンタルビデオ屋が増え始めた。レコードからCDへの切り替えはしたものの、1本2万円ほどしたビデオ機器の購入を避けた上田さんの店からは徐々に客足が遠のき、結果的にすべての店を閉じることになった。

その後は、直営する3軒の塾で自らも子どもたちに勉強を教えながら、これまで以上にフランチャイズの管理、運営に時間を割いた。96年ごろ、「学習塾優」の地域本部や県内のFC校をネットワーク化して情報共有する専用のアプリケーションを自社開発したが、これも上田さんが半年ほど必死で勉強して自力で作り上げた。

このシステムは「juke joint」という名前で、システム導入から保守メンテナンス付きで他塾にも販売したのだという。

▼誰かの「NO」を恐れてはいけない

転機は、2013年に訪れた。80年代に実家の電器屋を継いだお兄さんは、大手のチェーンに押されて経営が厳しくなると、大胆に方向転換して、2000年、イタリアからエスプレッソマシンを輸入する仕事を始めていた。そのお兄さんから「一緒にイタリアに行こう」と誘われ、初めてイタリアに行くことになる。すっかり教育者のマインドになっていた上田さんだが、商売人の魂は眠っていなかった。「どうせ行くなら」と、現地のめぼしい芸術、アート系の大学にメールを送った。

「私は日本で塾を経営していますが、子どもの教育で一番大事なことは相手のやる気を引き出すことだと思います。御校の学生にとっても、作品を発表したり、販売する機会があれば、大きなモチベーションになるのではないでしょうか？　もし興味があれば、日本で御校の学生の作品を紹介するプロジェクトをやりますが、いかがでしょうか？」

この時点で、なにか具体的に考えていたわけではなく、これまで通り、「実現できたら面白そう」ぐらいの感覚だった。このあたりは私の腕時計「japan」シリーズをつくるきっかけと通じるものがある。

大切なのは、アイデアに対してNOと言われることを恐れたり、恥ずかし

がってはいけないということ。誰かがNOと言ったとしても、それはその人の意見や感性に過ぎないし、もしかしたら腹の虫の居所が悪かっただけかもしれない。ほかの人からすれば素晴らしいアイデアになる可能性も大いにあるのだ。

だから、「叱られるのが怖い」という癖は払拭しておいたほうがいい。

上田さんの思いつきに等しい提案も、イタリア側の反応は予想以上に好感触で、1週間の滞在が各地の大学への挨拶回りになった。

あちこちで歓待を受けた上田さんは、帰国後すぐ、イタリアの学生のデザインやセンスを日本で活用しようと、スチューデントにアートをかけた「スチュアート（stu-art）」というプロジェクトを立ち上げた。

スチュアートのロゴも、150年の歴史を持ち、数々の著名な建築家、デザイナーを輩出している名門、ミラノ工科大学などで開催したコンペで、応募50作品の中から上田さんが選んだ。

上田さんは「学習塾優」の経営をしながら、スチュアートをどうビジネスに展開させるかヒントを得るために、大阪のグランフロント内にある企業人、研究者、クリエ

「叱られるのが怖い」という癖は払拭しよう

イターが集まる会員制サロン「ナレッジサロン」にも入会した。

とにかく、なにを始めるにしても心理的なハードルが低く、フットワークの軽い人なのである。

▼雑談で得た、閃きの火種

新しいかき氷マシンを開発するアイデアは、ある飲み会から生まれた。

私が一条高校の校長に就任した後、奈良市で創業140年を超える印刷会社、明新社の社長で、奈良市観光協会の会長でもある乾昌弘さんと食事をすることになったときに、ふと上田さんも呼んだら面白そうだなと思って声をかけた。

二人はなんのつながりもないのだが、だからこそ、どんな化学反応が起こるかな、という興味があったのだ。

すると、この日、初めて顔を合わせた二人が同年同月に生まれたことがわかる。結果的に、奇跡のような出会いになり、自然とその場が盛り上がった。

そのときに、上田さんがスチュアートの話で「イタリアのデザインで日本の商品を変えたい」としきりに言うから、「奈良でなにかやったの？」と聞いたら、まだだという。それで、言っているだけじゃ話にならない、1つでいいから奈良発のものにイタリアのデザインを掛け算して何かをつくり出すべきだと私が指摘する。

私の腕時計「japan」開発の話もして、個人がメーカーになれる時代なんだと。『MAKERS 21世紀の産業革命が始まる』に心酔しているなら、3Dプリンターで造形してもいいじゃないか、とも。

話の流れのなかで、乾さんが「奈良には氷の神様を祀（まつ）る氷室神社があって、全国の氷屋さんの聖地になっている」と語る場面があった。毎年、全国の人気かき氷店が集まる「ひむろしらゆき祭」が開催されていて、2日間で8000人もの人が来るという。

氷室神社の名前は聞いたことがあったけれど、詳しい史実や氷屋さんの聖地になっているとは知らなかった。

この話題になったとき、私はふと夏に海の家でよく見かける、かき氷マシンを思い浮かべていた。私の子ども時代からほとんど変わっていない、昔ながらの武骨なデザイン。その瞬間、ビビビッと頭のなかで情報の編集が起きたのだ。

「かき氷の発祥の地が奈良なら、昔ながらのかき氷マシンを、イタリアのデザインで格好良くしたらいいんじゃない?」

これが、今回のひらめきの火種である。

▼アイデアが舞い降りてスパークした瞬間

そこで上田さんがすぐにかき氷の歴史について調べると、平安時代、清少納言の『枕草子』に、「あてなるもの。(中略)削氷(かずりひ)の甘葛(あまづら)に入りて、新しき鋺(かなまり)に入りたる」という記述があるという。

これは「上品なもの。削った氷にあまづら(甘味料)をかけて、新しい金属製のお椀に入れたもの」という意味になる。

それよりもさらに前の奈良時代、冬にできた氷を氷室に入れて保存し、春から夏にかけて平城宮に献上していたという史実もあった。氷の神様をお祀りする場所として、貞観(じょうがん)2年(860年)に創建されたのが氷室神社だともわかった。

「それなら、かき氷文化は奈良発だと言い切っていいでしょう? イタリアンデザインのかき氷マシンで、世界を目指そうよ！」

私がそういうと、上田さんは興奮して「おもろいから、やりましょう！」とうなずいた。

このように、突然舞い降りてきた閃きやアイデアが、急速に熱を帯びることがある。

友人たちと食事をしているときに、話の流れのなかでなにかが閃く。それを口にすると、一緒にいた人たちの脳が刺激され、思考がリンクして、パパパッと電撃的にスパークするのだ。たぶんシナプスが自分の脳内だけでなく他者のシナプスともつながって、脳が拡張したような状態になるのだろう。

その場限りの盛り上がりで終わってしまうことも多々あるが（笑）、かき氷マシンをイタリアンデザインで格好良くするという閃きの火種は、上田さんに燃え移った。この後、上田さんは塾の経営という本業を続けながら、プライベートの時間を投じてかき氷マシンの開発に没頭していく。

上田さんはまず、スチュアートと提携しているイタリアの大学に声をかけ、デザインコンペを開催した。そこであがってきたデザインのなかから、上田さんが選んだ3

〜4つのデザインを私のところに持ってきた。

私は、昔ながらのかき氷マシンとは対照的な、丸みがあって、ドラえもんのようにも見えるポップなデザインの案が気に入った。スティーブ・ジョブズが大ヒットさせたカラフルでスケルトンな「iMac」を彷彿とさせるデザインだったのだ。上田さんも納得し、デザインの基調（トーン）が決まった（3ページ）。

モノづくりに詳しい人からすれば、デザインから入るというのは非常識かもしれない。でも、そんなことは関係ない。素人の常識外れの思考や行動のなかから、イノベーションが起こることも少なくないのだ。

▼二人の熱が呼んだ意外なパートナー

上田さんは、二人で決めたデザインをもとに、内部の機構をつくり始めた。

もちろん、上田さんはモノづくりなど無縁で、専門的な知識も皆無だから、インターネットや本を読んで何が必要か調べ、ホームセンターで使えそうなものを買っては組み上げるという地道な作業の繰り返しである。

雑談から得た閃きが、急速に熱を帯びることがある

常識外れの
素人だからこそ
起こせる
イノベーションもある

普通の人なら、このあたりで音を上げてもおかしくない。でも、私が「新しいかき氷マシンの開発について、一条高校の『よのなか科』でプレゼンしてほしい」と頼んだから、プレッシャーを感じたのか、上田さんは意外なほどの馬力を見せ、授業当日、なんと氷を削る機構をつくって持ってきた。

それは、従来の「氷を回して削る」機構ではなく、上田さんが雨の日に車のワイパーを見て思いついたという、「刃を左右にスライドさせて固定した氷を削る」独自の機構。しかもブロックアイスを2列に入れて、異なる味を一緒に削りだすことができるという非常にユニークなものだった。例えば、コーヒー味の氷とミルク味の氷を入れたら、コーヒーミルク味になる。

正直なところ、私はイタリアのデザイン例を見せながら、開発に向けての構想を高校生に話してくれるだけで十分だと考えていたから、上田さんの熱意と行動力には驚いた。上田さんの本気を感じて、今度は私に火がついた。

「よのなか科」の授業には生徒以外にも地域の人や保護者が合わせて約50人、あと全国から見学したい人や奈良市の行政、教育関係者も集まっていた。

そこで私は、次のような話をした。

「私の腕時計は、セイコーで40年間修業して、製造からデザインから販売まですべてをやり尽くした清水さんというビジネスパートナーがいなければできなかった。上田さんにもそういうパートナーが必要です。マシンの製造技術を提供してくれる人です。今はまだ、かき氷機のメーカーと組むのは時期尚早だけど、かき氷機のメーカーが興味を持つような試作品をつくってくれる機械メーカーを紹介してくれませんか？」

その瞬間、「はい！」と手を挙げてくれたのは、なんと奈良市長だった。ここから、かき氷マシン開発プロジェクトが本格的に動き始めることになる。

▼GoogleとYouTubeでマシンを開発

私は市長の紹介を受けて、すぐに市内の食品加工機メーカーにアポをとり、上田さんと二人で訪ねてみた。そこで社長にプレゼンをすると、市長からすでに話が通してあったことと、製造部長が一条高校ＯＢという偶然も重なって「奈良発ということであれば、手伝わないわけにはいかないですね」と男気を見せてくれたのだ。

その場で若手の優秀なスタッフを担当につけてくれて、翌年の5月に氷室神社で開催されるかき氷の祭典「ひむろしらゆき祭」に出展することを目標に開発を進め、16年11月には氷を削りだす機構のプロトタイプが完成した（3ページ）。

このタイミングで、私は上田さんに15万円を振り込んだ。

「イニシャルマネーです。これで何をやるのも自由だけど、実用新案を取るのにこれぐらいの資金が必要でしょう。上田さんがしっかり権利を押さえてください」

上田さんが実際このお金を何に使ったかはわからないけれど、特許の申請も終了。食品加工機メーカーはプロトタイプを無事に完成させたことで、年明けにはこのプロジェクトから離れることになった。

それでも、ここまで無料で協力してくれたのだから、感謝しかない。

再び一人になった上田さんは、ここからさらに驚異的な突破力を発揮する。新しい相棒になったのは、GoogleとYouTubeだ。

機械の構造については素人だった上田さんは、疑問が浮かぶたびにネットで調べた。たとえば、回転の力を利用して氷を押し出していくためには、回転運動を前後運動に変えるウォームギアというギアが必要だとわかる。

それをどんなモーターで、どう動かせばいいかを調べる。そのうちに、バイクや車で使われているタイミングベルトが応用できるんじゃないかと気づく。それを2本掛け合わせることで、望むようなスピードで氷を押し出す技術が生まれた。

「回転運動、前後運動って検索するだけで膨大な数の結果が出てきますし、ありとあらゆることが載ってますやん。そのなかから自分が考えた動きに近いものを探して、実際やってみるんです。それで、ちゃんと動くか確認するということをずっと試してました」

夕方から夜にかけて学習塾の仕事があるから、生徒や講師が帰ってから深夜3時ごろまで作業して、帰宅はいつも早朝4時ごろ。朝方に就寝して昼ごろまた塾に行くという生活を5月まで続けた。

そうして上田さんはついにイタリアンデザインの初号機を完成させる。

▼発明の素地をつくった上田家の教育方針

この頃を振り返って、上田さんは「めちゃくちゃ大変でしたね。一つひとつの機構を手作りしていったんで、初号機は設計図がないんです」と笑う。

この間、上田さんからはちょこちょこと報告のメールが届いていたけど、初号機を見ると、もはや素人にできる領域ではないと感じた。

なぜ、「バリバリの文系」の上田さんが、初号機をつくることができたのか。その裏には、子どもの頃からしていた実家の電器店の手伝いがあるというから、面白い。

「エアコンの取り付けって、家によってぜんぶ違うわけですよ。どこに室内機をつけて、パイプをどう這わせて、電気工事をどうしてとかを考える素地があった。だから、どういうパーツをどう配置すれば動くのか、そういうことを考えるのは苦じゃなかったんです」

振り返ってみれば、上田さんのお父さんはエアコン1台の取り付けに対して、高校生の上田さんに1万2000円を支払っていた。タダで手伝わされると嫌な思い出になるかもしれないが、これだけの金額をもらえるなら、どんどんやろうという気になるだろう。仕事としてまっとうな対価を子どもに支払うという上田家の教育方針が、かき氷マシンの誕生にも影響しているのだ。

▼フェラーリのようなかき氷マシンを

2017年5月6日、7日に開催された「ひむろしらゆき祭」で、上田さんは氷室神社の入り口近くにブースを出し、初号機を展示した。日本に2社しかない業務用かき氷マシン製造メーカーも1日ずつ出展していて、偶然にも隣のブースだった。

2日目、その2社のうち1社、池永鉄工の社長が自社のブースに立ち寄った際、隣で展示していた上田さんの初号機に興味を持ち、「めっちゃおもろいから、ゆっくり話をしよう」と、上田さんに告げた。

上田さんからその報告を聞いて私は、「きた〜っ!」と思った。

だから、「トップメーカーの池永鉄工の社長を口説くのが一番いい。それでだめなら一度諦めて、陣形を立て直しましょう」と伝えた。

上田さんにできるのは初号の見本をつくるところまで。その後は、最初から、2社しかないかき氷マシンの製造メーカーのどちらかを口説き落とすしかないと考えていたからだ。

シェア1位の池永鉄工の社長が興味を持ってくれたなら、これ以上のパートナーはない。ここが最大の勝負所だと踏んだのだ。

後日、池永鉄工の社長と面会した上田さんは、「製品化したい」と訴えた。しかし、簡単にはいかなかった。量産する場合の費用を試算すると、1億円の設備投資が必要だとわかったのだ。上田さんには出せない金額だし、池永鉄工もそこまでのリスクは負えない。

行き詰まった上田さんから、「ここまできたけど量産は無理でした」と報告があった。

これに対して私は、**「必ずしも量産する必要はない。例えば、オール手づくりで超プレミアムなマシンを限定生産して、高く売ったらいいんじゃないか？」**とアドバイスする。

車を例にすれば、大量生産して安くたくさん売るのが大衆車だとしたら、デザインや仕様に徹底的にこだわって、それを好む少数の人をターゲットにするのが高級ブランドカーだ。

イタリアンデザインのかき氷マシンが目指すべきは、どう考えても後者。フェラーりのような存在のかき氷マシンをつくれたら面白いと考えた。

上田さんはそのアイデアを持ってもう一度、池永鉄工を訪ね、社長に提案したところ、「それならできる」という合意を得た。

ただし、条件が1つ。「設計は自分でやってほしい」と。

▼熱意と、背中の一押しで味方を増やす

1つの壁を乗り越えると、もう1つの壁が現れる。しかし、ここでも上田さんの熱意が壁を突破する力となった。

本格的な設計はさすがに自力では無理だと考えた上田さんは、スチュアートのビジネスのアイデアを得ようと加入していたグランフロント大阪ナレッジサロンのマネージャーに相談した。

すると、会員のなかに4人、プロダクトデザイナーがいると教えてくれた。

なんと、そのうちの一人は、上田さんが何度か一緒に演奏したバンド仲間で、何度もグッドデザイン賞を取っているキャリア30年のプロダクトデザイナー。

彼に相談したところ、「製品化したら、売り上げのなかから設計料を支払う」という形で、協力を取り付けることができた。

イタリアンデザインを形にするために、二人は知り合いのつてをたどって新潟の燕三条の腕利き職人を訪ねる。そこで上田さんは自腹で製作費を支払い、いくつもプロトタイプをつくって検証を重ねた。

マシンはどんどん洗練され、2018年3月、ナレッジサロンで開催された「第5回ナレッジイノベーションアワード」に出場した上田さんは、ナレッジキャピタル部門でグランプリを受賞。


上田さんの必死な姿を見て、なんとかして実現させてあげたいと思っていた私は、密かに勝負をかけた。

一条高校での任期は2018年の3月まで。その月末に、奈良でお世話になった人、友人、知人に声をかけてパーティーを開いた。

「よのなか科」で授業もやってもらった長年の盟友で建築家の隈研吾(くまけんご)さん、一条高校OGで講堂での映画上映もしてくれた映画監督の河瀬直美さんといった著名人のほか、奈良市長や奈良県の副知事など行政の関係者、ほかにも奈良を代表する企業の社長や幹部が参加してくれた。そこに上田さんと池永鉄工の社長も呼んで、パーティーの途中でかき氷マシンの話や上田さんの熱意を紹介したうえで、池永鉄工の社長に「やるんですよね？」と話を振ったのだ。

著名人や政財界の大物が集まる場所でいかにも面白そうなプロジェクトの話題を振って、やるか、やらないかと問われたら、「やります！」と言ってしまうのが人情だろう。しかも、池永鉄工の社長はパーティーの数日前、上田さんが「第5回ナレッジイノベーションアワード」でグランプリを受賞する姿も見ている。

この時、社長は躊躇なく「やりましょう」と覚悟を語った。江戸流に言えば、きっぷのいい人なのだ。

実際のところ、躊躇する部分もあったと思うが、私は人の背中を押すのが得意技の1つなのである（笑）。

このパーティーがきっかけで、上田さんと池永鉄工がかき氷マシンを共同開発することが正式に決定。職人が一台ずつ手作りする仕様に決まった。

上田さんは350万円超の超高級かき氷マシンに「himuro」と名付けた。

▼常識外れのものでも、「本物」は必ず売れる

「このかき氷マシンを売ってみたい」

東京に戻った私は自分の役目を果たしたことに満足したが、何度か試作機を見せてもらい、実際にかき氷を食べているうちに、また新たな野望がムクムクと湧き上がってきた。

「リクルートの元東京営業統括部長として、このかき氷マシンを売ってみたい」

すぐに何人か興味を持ってくれそうなビジネスパーソンに話をして好感触を得たが、契約には至らなかった。誰も持っていない、誰も価値を知らないものだから、なかなか買い手がつかないのは当然だと思っていたら意外なところから手が挙がった。

NewsPicksに掲載された記事に対して堀江貴文、あのホリエモンが「これ買いたい！」とコメントしていたのだ。それを見て私から連絡したところ、本当に欲しいというメッセージが届いたので、私はすぐに上田さんを紹介した。

それからの展開は早かった。

間もなくして堀江さんと「ＷＡＧＹＵＭＡＦＩＡ」代表の浜田さんが大阪に行き、上田さんと会合をもった。「ＷＡＧＹＵＭＡＦＩＡ」は和牛の輸出と和牛料理店を手掛けるベンチャーで、堀江さんが共同代表を務めている。そこで上田さんが振る舞った極秘レシピの特製かき氷を気に入り「ＷＡＧＹＵＭＡＦＩＡ」で導入する話が進んでいる。

さらに、誰もが知る大手飲料メーカーも興味を示している。最初、「himuro」の存在を知ったメーカー側から上田さんにアプローチがあったのだ。

ある日、私は旧知のその飲料メーカーの社長と会食することになった。これもまた「引き寄せの法則」である。

私は千載一遇のチャンスと捉え「会食の際にhimuroのプレゼンをさせてほしい」とお願いした。迎えた当日、この日のために上京した上田さんが特製かき氷を作って社長に出したところ想像以上の大絶賛が待っていた。

この話は現時点でまだ進行中で詳しく書けないのがもどかしいが、もし正式契約に進展したら、「himuro」にとってターニングポイントになるかもしれない。

上田さんは、堀江さんや某メーカーとの話を進めながら「himuro」の開発も怠らず、

２０２０年9月16日には、グランフロント大阪で完成と発売を報告する記者会見を開いた（3ページ）。その反響でメディアからの取材も増え始めていて、上田さんは背中いっぱいに追い風を受けている状態だ。

私が飲み会でかき氷マシンのアイデアを話してから丸4年、何度も挫折しそうになりながら、よくここまで続けてきたなと感心する。

しかし、この物語は幕が上がったばかり。

私も上田さんも、「himuro」の可能性は国境を超えると考えている。

例えば、中国の大富豪、インドのマハラジャ、アラブの石油王など、ビジネス的な価値など考えず、単純に「面白そう」という理由で３５０万円をポンと支払ってくれるような層に食い込めたら面白いではないか。そんなの夢物語だと感じる人もいるだろうが、そもそも1台３５０万円を超える「himuro」自体、常識外れなのだ。

イーロン・マスクもジェフ・ベゾスも、トランプ大統領や習近平国家主席でさえも、まだ日本刀の技を継承する「himuro」で削り出した奈良発の「Shave cocktail」（3ページ）を召し上がってはいない。

１００台しか売る気はない。早い者勝ちである。

▼仕事でも、遊びでもない。だから可能性は無限にある

誤解を恐れずに言えば、このプロジェクトは失敗してもなんぼのもんじゃいなのだ。仮に売れなかったとしても、私と上田さんに致命的な痛みはない。

上田さんはかなりの時間を投じているけれど、塾の経営という本業があるし、このプロジェクトを主導したことが塾のブランディングにもつながるだろう。私は自分の発想力と人脈で上田さんをサポートしているけれど、こんなに面白いプロジェクトはめったにないから、エネルギーがもらえる。

通常は目標を決めてプログラムを組み、それを処理的に達成するのが仕事である。

でも、このプロジェクトは、いろいろな人をどんどん巻きこんで、これからどうなるのか先がまったく読めない。情報編集的な動きなのだ。

だから、「仕事なんですか？　遊びなんですか？」と問われても困ってしまう。

仕事と遊びが渾然一体となっているからだ。その中から人のつながりが生まれ、物語が豊かになり、人生を彩ってゆく。

仕事と遊びが渾然一体となり物語を生み、人生を豊かにする

可能性は無限大にある。アラブの石油王にこのマシンを売ったのがきっかけで仲良くなって、上田さんの人生が大きく変わってしまうことだってあり得るのだ。

私と上田さんが一緒になって「バカげたこと」に取り組まなければ、こんなにワクワクするようなプロジェクトは生まれなかった。

「かき氷の発祥の地が奈良なら、かき氷マシンをイタリアのデザインで格好良くしたらいいんじゃない？」という閃きの火種が導火線に着火して、ジリジリと音を立てながら花火に向かっている。

どんな花火が打ちあがるのか、楽しみで仕方ない。

stu-art 氷室　himuro

第3章

「子どもたち」の未来をつくろう。大金持ちでなくてもできる世界貢献

学校を設立するなんて、大金持ちのすること。それが世の中の常識だろう。

たしかに、日本で私立の学校を設立するには、校庭となる土地の取得代金を含めれば数十億円の投資が要る。福沢諭吉の慶應義塾大学や大隈重信の早稲田大学の例を挙げるまでもなく、街中の幼稚園のような学校法人でも、1つの校舎を建て替えるだけで数億円はかかるはずだ。

でも、国を選べば、数百万円で学校の創立者（ファウンダー）になれる。

アジアで最も後発で立ち上がってくる国、ラオスでは、日本人のお金で設立された義務教育学校が100以上あり、そのすべてが公立の学校になるので、すぐさま国の基準で養成された教員が赴任し学業がスタートする。

藤原がお金を出したとしても、それは私立藤原学園ではなく、和田中学校や一条高校のように、地名を冠した公立の小学校、中学校、高校になるからだ。

数百万円であれば、高級車を買うのと同じ額だから、数人で寄付をして学校の創立者となる栄誉に浴そうという人はいる。必ずしもお金持ちである必要はない。5

00円ずつの寄付を子どもたちから集めて校舎を寄贈した団体もあるし、震災前の飯舘(いいたて)村も寄贈する側だった。

もちろん、開校式に参列すれば、二宮金次郎のような銅像こそ立ってはいないが、あなたの名が銘板に刻まれ、感謝、感謝の宗教的な儀礼がある。学校は本来、そのコミュニティにとって「希望」の象徴だからだ。

子どもや先生をそこに連れて行けば、日本も150年前、溢れるような知識欲で輝く目をした子どもたちがいたことを実感するだろう。

こうした民間外交が豊かになることで、日本の安全保障問題にも貢献すると信じている。

そうした、ラオスにおける学校建設の物語だ。

▼アジアの教育への貢献に大金は要らない

学校に行けば先生がいて勉強ができる、今の日本人はそれが当たり前だと思っている。だけど、それが当たり前でない国は、地球上にまだたくさんある。

日本で学校を建てようと思えば、土地代も入れると数十億円かかる。公立の学校建設は国や自治体が行うものというのが常識だろう。

ところが、私がひょんなことから関わることになったラオスでの学校建設ならば数百万円あればできる。茅葺(かやぶ)きで窓もない粗末な教室しかなかった学校が見違えるように立派になり、雨が降ると授業ができなかったところで、子どもたちが日々勉強できるようになる。とくに山間部の少数民族にとってはコミュニティの基盤になるから、トイレも井戸も併設した学校建設は、地元住民の「希望」の星なのである。

数百万円と聞くと、なんだ、そんな金額でできるのか——そう感じる人も多いはずだ。大金には違いないが、仲間と分担すれば寄付可能な額だろう。例えば1万円ずつ持ち寄れば数百人。1コイン500円ずつ集めた子どもたちもいる。

アジアの開発途上国のために校舎を寄付するのなら普通の人にもできる。大金持ちでなくても、アジアの未来を担う子どもたちの育成に貢献できるのだ。

▼谷川洋さんとの出会い

そんな目から鱗(うろこ)の事実を私に気づかせてくれた人がいる。認定NPO法人・アジア教育友好協会(AEFA)の理事長をやっている谷川洋(たにかわひろし)さんだ。

私が谷川さんと初めて会ったのは、2014年11月のこと。古くからの知り合いから久しぶりに連絡が来て、ぜひ引き合わせたい人がいるという。そこで、渋谷のカフェで落ち合うことにした。

聞くと、その時点で、アジアの国々にほとんど独力で190校もの学校を建てた、と言うではないか。しかも話していると、純粋というか、まったく私心がない。一発で信用できる人だと確信した。

私は、谷川さんに即座に謝ったのを、今でもはっきり覚えている。

教育改革実践家を名乗って、教育現場のことは少なからず知っているつもりでいたのだが、ＡＥＦＡの活動についてはまったく聞いたことがなかった。

なんで自分のアンテナに引っかからなかったのか。

彼自身がほとんどメディアに出ず、ＰＲもしていなかったこともあるかもしれない。

でも、２００５年から10年近くコツコツと実績を積み上げてきた谷川さんの活動を知らなかったのは本当に恥ずかしいことだと思ったのだ。

すぐさま、できる限りの協力をすることを約束した。

▼ラオスという現場

谷川さんの話では、日本財団から資金助成をもらってベトナムを中心に学校を建ててきたが、そろそろ10年が経つので、助成が打ち切りになるという。

そこで、個人の寄付者を募って学校建設を続けたいので、力を貸してくれないかというわけだ。ベトナムでは１００校つくったが、隣国のラオスでは、まだまだ学校が足らない。

ラオスという国について、読者はどんなイメージを持つだろう。日本はなにを輸入し、なにを輸出しているか。特産品はなんだろう。ほとんどイメージできないのが正直なところではないか……私もそうだった。

地図を見れば、東西南北をベトナム、タイ、カンボジア、中国に囲まれた内陸国だというのはわかる。山梨県に近いかもしれない。でも、それ以上はなにも知らない。

あとで聞いたのだが、日本の動物園にいる象は、ラオスからの贈り物であることが多い。アフリカやインドの野生の象はもう輸入できないし、ラオスのように人間に使役されている象しか入って来ないからだ。

まずは、現場を見てみないと話にならない。世界最貧地域と言われてもピンとこないのだ。だから早速、ラオスに視察に行くことにした。2015年3月のことだ。

日本からラオスまでは直行便がない。飛行機を乗り継いでラオス南部にあるパクセーという町に着いた。そこからAEFAの活動を現地で支えるNGOのACD(Association for Community Development)が手配した車で4時間はゆうに走る。

日本から往復すると移動だけで丸々3〜4日はかかる距離だ。

▼パチュドンの高校建設プロジェクト

初めてのラオスはもちろん谷川さんの案内だった。ベトナム国境に近い奥地に入ったサラワン県のパチュドンという地区で、地域開発拠点づくりのモデルとして、幼稚園、小学校、中学校と建て、次に高校を建設するプロジェクトが動いていた。

同じ敷地内に高校まで揃えることで、小中学校を卒業した子が街に近い遠くの高校に行ってしまうのではなく、地元に留まれる。遠い村からでも通えるように高校生のための宿泊棟も建てる計画だ。

彼らが地元の高校を卒業すれば、その後、街中にある師範学校に通って資格を取得し、地元の小中学校の教員として戻ってくる道が開ける。学校が地域コミュニティの核となり、地域を発展させる原動力になっていく、という話なのだ。

実際、AEFAの10年にわたる経験では、まず小学校ができると就学率が上がるだけでなく、教育を受けた女子の結婚年齢も上がる。発展途上国の農村社会では、女子が早くから嫁に行き、嫁いだ農家の働き手として酷使される慣習が残っていることが多い。

だから、教育によって結婚年齢が上がると乳幼児の死亡率が下がる。さらに進学率が上がって、地元から教員を輩出できるようになるとコミュニティ全体の民度が上がる。農業や家庭内手工業の生産性も、それにつれて上がるだろう。

そんな構想に、私は一気に引きこまれていった。

▼渦の如く巻き込まれてくれた仲間たち

その年の秋、私は東京・銀座のレストラン「俺のフレンチTOKYO」を貸し切って、自分自身の還暦記念パーティーを開いた。会の終盤でいくつか応援したい事業の主宰者にプレゼンをしてもらう時間をつくったのだが、そこで谷川さんにもAEFAがラオスで進めている学校建設について、話をしてもらった。

谷川さんの説明が終わったところで、会場に向けてラオスでの学校建設に資金を提供する寄付者はいないかと声をかけた。

ちなみに谷川さんは寄付者の人たちを「ドナーさん」と呼んでいるが、私は「創立者（ファウンダー）」と呼ぶことにしている。お金を出すだけでなく、その学校にアジアの希望を託す人が増えるといいなと考えてのことだ。

会場にいた、およそ150人の友人に呼びかけると、すっと、一人の手が挙がった。大前研一（おおまえ）さんだった。その場で数百万円の寄付を即決してくれたのだ。大前さんの寄付はマークナオ小学校の建設にあてることが決まった。

さらに建設予定の学校のリストを配って協力を求めた際、きっぷよく「やりましょう！」と応じてくれたのがヤフーの川邊健太郎君（現・Zホールディングス社長）だ。寄付はともかくラオスに行ってみたい人はいないかと聞いたところ、何人かの手が挙がった。そのメンバーたちと共に、私も2回目のラオスに行くことになった。

実は、谷川さんの話を聞いて、当初私は自分一人でファウンダーになっても良いかなと考えていた。だが、待てよ。いろいろな知り合いを巻き込んで、一緒に支援する形にしたほうが面白いし、一人ひとりとの縁が強固になる。

なにより、この物語がより豊かになる気がした。**仲間を巻き込むことで渦巻きをつくり上げる「藤原流」と言ってもいいだろう。**

人を巻き込み渦を起こせば、物語が豊かになる

結果、このやり方が功を奏した。

▼開校式と希望への祈り

2回目のラオスは、2016年2月、還暦パーティーの際に行ってみたいと手を挙げたメンバーを中心に声をかけた。

川邊君のほか、リクルートで「スタディサプリ」を誕生させ、リクルートマーケティングパートナーズの代表取締役・CEOを務めた山口文洋（ふみひろ）君、藤原和博プロデュースの時計（第1章）を制作するコスタンテの清水新六社長、保育・教育事業のコンサルを手がけるキャリアリンク代表取締役の若江眞紀さん、それにスイスの最古参プライベートバンクの友人らも同行した。

この時点で、私と山口君は新設されるパチュドン高校を支援することを決めており、谷川さんに伝えて建設が進んでいた。パチュドン高校では生徒や地元の人たちを集めた開校式が開かれることになり、そこに全員で参加したのだ（4ページ）。

校舎の入り口に掲げられた木製のパネルには、「藤原夫妻と山口夫妻」がファウンダーとして記載されている。川邊君が支援したハーコーナム中学校でも開校式が開かれた。

開校式では、型通りの村長や教育長の式辞の後、児童生徒による踊りが披露されることもある。さらに、新築された教室に場を移してささやかな宴会をするのだが、その前に宗教的な儀礼がある。米をいっぱいに盛った壺を学校の創立者（ファウンダー）と地域の功労者が一緒に持ち上げて神様に捧げるのだ。

米に刺された何本もの棒には、こよりのように編まれたミサンガが何十本もかけてあり、儀式の最後に老若男女入り乱れて、創立者を中心としたゲストにミサンガを巻いていく。一人ひとりから感謝の言葉とともに左右の腕に何本ものミサンガを結んでもらうと、魂が浄霊されるような感じがする（4ページ）。

人々の「希望」への祈りなのだと思う。

▼「次の世代のために」学校を守る意思を問う

この視察旅行は大成功だった。私に巻き込まれた人たちが、次々にラオスでの学校建設を支援することになったからだ。

コスタンテの清水社長はパシア小学校の建設を、のちにこの物語が伝わって、ディズニーランドの制服を手がけるセブンユニフォームがフォンナム中学校を建てた。また、旧知の友人で花まる学習会の高濱正伸社長もパスム小学校を支援してくれた。私自身もパチュドン高校から始まり、ハーコーナム小学校、ピコ中学校と支援を広げていった。

学校を建てるにあたって、谷川さんは住民集会を開いて、村人たちの「意思」を問いただす。

校舎ができたとしても、それを維持管理していくのは地域の人たちだからだ。住民が「本気」で学校をつくる気持ちがあるかどうかを突き詰めなければ、ハコモノだけが残り、時とともに朽ち果ててしまう。

材木を切り出してきたり、運んだり、井戸の穴を掘ったり、塗装をしたり。子どもたちも手伝う。

明治期の日本でも、同じように地域の力で学校を建てるところが多かった。

高床式住居が並ぶラオスの田舎の村を歩いてわかるのは、子どもが、赤ん坊の世話をしたり、農作業をするなど「労働力」になっていることだ。だから、村人自身が教育の重要性を感じないと、立派な校舎をつくっても学校に子どもを通わせない。

私も1回目にラオスを訪れた際、谷川さんに連れられて住民集会に参加したことがあった。そのとき、村のおばあちゃんが立ち上がって熱心に語り始めた。

谷川さんの現地パートナーACDのBoualaphet Chounthavong代表（通称ノンさん）が英訳してくれたところによると、自分たちは読み書きができないが、孫の世代はそれではいけない、と。「for next generation」つまり「次の世代のために」学校を建てるべきだと訴えていたのだ。

当時、私は資金支援する仕組みを考えていた。財団をつくることも考えたが、維持管理だけで手間も費用もかかる。そこで組織にしないで個人で動くことにした。「アジア希望の学校基金」というのが日本語名だが、英語名は「Wisdom of Asia for Next Generation（WANG）」に決めた。このときのおばあちゃんの「for next generation（次の世代のために）」という言葉が脳裏に焼き付いていたからだ。

さらに、ノンさんに現地の言葉では「夢」や「希望」はなんと言うのかと聞いたところ、書き文字は難しいが、「WANG（ワン）」という音だと教えてもらったのも決め手になった。だから「WANG」を、この運動の錦の御旗にした。

実はこの年、4月から奈良県の奈良市立一条高校の民間校長を引き受けることが決まっていた。ラオスに出発する前日に慌ただしく引っ越し荷物をまとめ、奈良に送り出したことを思い出す。ここからしばらく一条高校の校長として学校を改革することが本業だったから、任期中はラオス行きはお預けになった。

▼キングコング西野さんとの「ラオス小学校」建設物語

私の3回目のラオス訪問は、それから2年がたった2018年3月。漫才コンビ「キングコング」の西野亮廣さんを連れてラオスへ行くことになったのだ。

西野さんは漫才師のかたわら、絵本作家や企業経営にも乗り出し大成功している多才な人だ。今では日本最大のオンラインサロンの運営をしていて、会員数は7万人を超える（2020年10月現在）。

もともとは、私の著書『藤原和博の必ず食える1%の人になる方法』（東洋経済新報社）を絶賛してくれたことが縁になり、その後、リクルート社の「スタディサプリ」のキャンペーンで一緒に「よのなか科」の授業をやる中で縁が深くなった。彼のイベント「サーカス」に出演したこともある。

その西野さんが谷川さんの活動に興味を示してくれたのだ。

一緒にラオスに行ったのは、その「スタディサプリ」の山口君とコルクの佐渡島庸平（さどしまようへい）君。佐渡島君は講談社で人気漫画の編集者を務めていたが、退社して漫画を中心に作家のマネジメントとデジタルを含めた作品プロデュースを手がけるコルクを創業した異才の人物だ。彼がプロデュースし、私も共著者として参加した『ドラゴン桜公式副読本 16歳の教科書』（講談社）は45万部を超えるヒットになった。

皆で私が支援したピコ小学校、中学校を視察したのち、さらに奥地に入って、川を渡った向こうにあるララ村を訪ねた。

▼西野さんとララ村の子どもたち

ララは少数民族の村で、ラオ語（ラオス共通語）も通じない。そもそも当時、よそ者は歓迎しないムードだった。現地NGOのノンさんも、早々にララ村を切り上げて次の訪問先に私たちを連れて行こうとする。

それでも、西野さんは何かを感じたのだと思う。「Go Out（出て行け）！」という英語が年寄りから浴びせられる中、自作の絵本を取り出して、子どもたちとコミュニケーションを図ろうとした。中には裸の小さな弟を抱いた少女もいる。床上式の住居の下で飼われている鶏も豚も犬も、侵入者を警戒するように吠えている。

子どもたちも最初は腰が引けていたのだが、そのうち一人の少女が絵本に興味を示し西野さんに寄ってきた。英語ばかりか共通ラオス語でさえも通じないのだ。

西野さんがすかさず、ラオスに来てから子どもたちとのコミュニケーションの常套手段にしてきた「あっかんべー」の顔をつくる。左右の親指と人さし指で目尻と唇の端を引っ張りオモロイ顔をつくるやつだ。思わず少女が大笑いする。

この瞬間、堤防が決壊するように他の子も寄ってきて、笑い声が弾けた。

さすがに、苦虫を噛み潰したような顔で威嚇（いかく）していたおばあちゃんも開いた口がふさがらない。最後には、川を渡って帰る私たちを皆が手を振って見送った。

▼果たして「豊かさ」とは何なのか？

その夜、会食の後、そそくさと駆け抜けたララ村での滞在時間の短さに、西野さんが鋭く突っ込みを入れる。最も貧しいあの村の人たちの話をじっくり聞きたかった、と言うのである。

ラオスは一昔前のベトナムのような社会主義軍事政権で、辺境の少数民族の村には許可がないと入れない。たぶん、ノンさんにはその辺の気遣いがあったのだろうとは思うが、西野さんの指摘は道理にかなっていた。

これが、西野さんとララ村の馴れ初めだ。

ラオスの子どもたちには強烈な印象を抱いた様子だったが、小学校建設の寄付については、見合わせるという連絡が来た。

そのときの思いを西野さん本人がブログに書いている。

頑張ったら頑張っただけ「お金」を貰えるのですが、「お金」は自分が生活してい

けるだけ貰えれば十分です。僕は、「高級車に乗りたい」だの、「美味しいものを食べたい」だの、そういった『贅沢』の類には一切興味がなく、ギャンブルもしません。そんな奴が「お金」を貯めこんでいても仕方ないので、数年前、「いただいた『お金』は、積極的に社会に還元する」と決めました。

（西野亮廣ブログ「ラオスの子供達に小学校をプレゼントしてみた byキンコン西野」より引用）

そう西野さんは綴っている。

それでもラオスの学校建設を断ったのはなぜか。本人の思いは続いてブログに書かれている。

たしかに貧しい場所ではあったのですが、子供達は朝から晩まで、走り回り、笑顔が絶えません。「こんな量の笑顔を見たのはいつぶりだろう？」と考えたほど。少なくとも、ここより豊かなハズの日本では、見られません。その時、初めて『豊かさ』というものについて、考えさせられました。同時に、「何もなくても、これだけ笑えている、この地に、文明（小学校）を入れていいのか？　それは、エゴなのではないか？」という大きな疑問も抱きました。悶々とした気持ちのまま、結局、小学校建設（寄贈）は、見送らせていただきました。

（西野亮廣ブログ「ラオスの子供達に小学校をプレゼントしてみた byキンコン西野」より引用）

西野さんの学校建設は立ち消えになるかと思われた。

▼村の人々が求めている

ところが、それから1年たった2019年。歯車が動き始める。

日本テレビの『アナザースカイⅡ』という番組が、西野さんの「心の故郷」を取材することになり、ラオスに行く話が持ち上がったのだ。

4月放送のため、3月にララ村を再訪する西野さんにTVが密着することに。ちょうど出版されることになっていた西野さんの絵本『チックタック 約束の時計台』（幻冬舎）の原風景として、ララ村を取り上げるという内容だ。

ああ、西野さんの見事なお返しだと私には感じられた。厳しい突っ込みを入れてネットで炎上することも多いようだが、本来やさしい人なのである。

私はその時点で、ララ村の小学校に出資することを決めていた。谷川さんにはもう建築スタートのGOサインを出していたのだ。西野さんが最終的に断ったとしても、残りの分も自分で出す覚悟でいた。

だが、結果的に西野さんとの共同プロジェクトにすることができた。これで、私が仲間と共に支援する学校は11校目になった。

学校建設の寄付を決心した、その心の動きを、西野さんはブログに書いている。

その日は、村の村長さんをはじめ、子供達の親御さん達と御飯を食べました。その席で「何か困っていることはありますか?」と訪ねると、一言、「安心して学べる学校が欲しい」と。村に唯一ある小学校のような建物は、今にも倒れかかっていて、子供達は、その屋根の下で勉強をしています。食事のあと、子供達にも話を聞くと、「もっと勉強がしたい」と返ってきました。はじめて、ラオスに行った日から、学校建設についてはたくさんたくさん悩みましたが、そこに住んでいるお父さんお母さんや、なにより子供達が、その未来を求めているのであれば、僕の考えを差し込む余地などありません。すぐにスタッフさんに連絡を入れて、僕の絵本（チックタック）の印税を、ラオスの小学校建設にまわしていただくようお伝えしました。

（西野亮廣ブログ「ラオスの子供達に小学校をプレゼントしてみた byキンコン西野」より引用）

▼ついに「ララ小学校」開校

２０２０年２月22日、そのララ小学校で開校式が行われた。

西野さんの２人のスタッフと一緒に、私にとっては４回目のラオスだ。新型コロナウイルス騒ぎの最中、とは言ってもまだまだ序盤戦の頃だった。

深夜０時過ぎに羽田を発ち、早朝タイのバンコクに到着。乗り継いだプロペラ機で到着したパクセー空港には谷川さんが待っていた。途中、サラワンで１泊した後、翌朝、車でララ村へ向かう。３時間ほどでララ村に着くと、校舎だけでなく、広い校庭や真新しい校門ができ上がっていた。

板葺きの倒れかかった小屋だけだったものが、見違えるような立派な学校に。

村の対岸からは乾季には川を渡って行き来できるが、雨季に入ると増水して渡れなくなり、村は孤立する。このため校舎の横には先生が住むための住居もできた。これは私たちの寄付だけでは足りず、地元の人たちが自力でつくったものだ。大人たちの本気度が表れている。

校門前で車を降りると校舎まで村の子どもたちや保護者がずらりと並んで花道をつくり、手には日本とラオスの国旗を持って振っている。私たち一行はその旗の間を歩き、校舎横につくられたテント張りの開校式会場に進んだ。

村長は一張羅の背広とネクタイを、おそらくこのときとばかり着込んできたのだろう。この地域の郡長と村長、教育長と私が正面のひな壇に座った。郡長の話はやたらと長かったが、聞いてみると、ラオ語と少数民族の言葉の2つの言葉で挨拶をしていたという。保護者でもラオ語がわからない人が多いからだ。

椅子に座って並ぶ子どもたちはTシャツに半ズボン、ビーチサンダルというスタイルが多いが、中には履物がなく素足の子もいる。

式典の間、西野さん専属の建築家が、校舎の正面に大きな時計を付設した。絵本『チックタック 約束の時計台』の時計をイメージして、コスタンテの清水社長がつくったのを日本から大事に抱えて持ってきたのだ。もちろん絵本の贈呈も。

私は、来られなかった西野さん本人に代わって、英語で短い挨拶をし、ノンさんにラオ語で通訳をしてもらう。

「開校式に呼んでくれてありがとう。学校ができた以上は、子どもたち、みんな一所懸命勉強してくださいね。君たちの希望（現地語でＷＡＮＧ）が叶うようにね」

それが警察官になることでも、先生になることでも、あるいはオリンピックのアスリートになることでもという祈りを込めて。

西野さんのことは、43万部以上売れた『えんとつ町のプペル』の映画製作真っ最中だったので「絵本作家であり、有名な映画監督だ」と紹介しておいた。もっとも映画館もないところなので、映画監督は意味不明だったかもしれない。

その後、校舎の前に張られたテープを私と郡長、教育長、村長で切った。ほとんどの村人が集まっていたに違いない。全員で撮った記念写真は良い思い出だ（4ページ）。

いつものミサンガを腕に巻いてもらう儀式をし、もち米のご飯と郷土料理の食事をしてから、子どもたちと庭で遊んだ。私は持参したコマを回し、手に乗せてからヒモの右から左に渡す芸を披露する。小学生の頃は楽勝だったのに、なかなか成功しない。

そのうち子どもがじれて、俺にもやらせろと寄ってくる。

ＡＥＦＡが日本から担いできた運動会の綱引きロープで、みんなで綱引きしたのが一番盛り上がった。まったく言葉は通じないが、シンプルなゲームで心は通いあう。

前回はサッカーと西野さんの「あっかんべー」。今回は一本の綱だった。

▼谷川洋さんを突き動かすエネルギー

開校式で谷川さんは裏方に徹していた。日本語での概略説明などをしていたが、貴賓席に座るでもなく目立たない。「日本のＮＰＯの理事長なんて誰も知らないです」とあっけらかんとしている。まったく偉ぶるところのない人物なのだ。

何で学校建設にのめり込んだのか、谷川さんに旅の途中、繰り返し話を聞いた。

もともとは丸紅の企画部長を務めた商社マンだった。50歳を過ぎた頃、奥さんが癌になる。海外支店長になるはずだった谷川さんはそれを断り、奥さんの看病を第一にした。出世コースから降りたのだ。

奥さんは4年半の闘病の後、亡くなった。定年まで間近だった谷川さんは、60歳になったら会社をすっぱり辞めて人生を完全に切り替えることを決意する。そんなある日、日本財団に勤めていた後輩から相談を持ちかけられる。ベトナムなどアジアで学校をつくるＮＰＯをやってくれる人はいないか、という話だった。

「目の前にいるじゃありませんか」と谷川さんは即答。運命の出会いとなった。

２００３年に定年を迎えた谷川さんは、見よう見まねでＮＰＯを立ち上げる。２００４年６月にはＡＥＦＡをスタート。日本財団から助成を得るべく準備を始めた。後輩から話があったからと言って、この時点ではお金が出ることが決まっていたわけではなかったらしい。その間、自腹でベトナムやラオスに通っていたのだ。

まず２００５年、日本財団の助成金でベトナムに４校、タイに２校、ラオスに２校を建てた。だが日本財団の助成はいつまでも続くわけではない。結局、ベトナムに１００校、ラオスに10校など合計１１６校を建て終わった段階で２０１４年、助成は終了した。

それがわかっていた谷川さんは寄付による学校建設にも並行して取り組んでいた。だが、寄付集めは簡単ではない。初年度の２００５年には52万５０００円の寄付しか集まらず、しかもそのうちの30万円は谷川さん自身の寄付だったという。

それが翌年には８００万円を集め、２校を建設。２０１４年までに一般からの寄付によって自前で建設した学校は75校にのぼっていた。ちょうどその頃、私に会いに来たことになる。

しかし、谷川さんのエネルギーは凄まじい。

毎年、何回もファウンダー候補者を連れて僻地の学校建設予定の村まで出かけていく。最近では幹線道路は舗装されているが、ラオスに通い始めた頃はデコボコ道の長時間ドライブが当たり前だったそうだ。

私も最初の訪問で、ハーコーナム中学校までのとてつもないデコボコ道を往復４時間、同乗した。座席の上でバスケットボールさながら身体が上下左右に揺さぶられる。もう勘弁してくれという感じだったのだが、ふと助手席の谷川さんを見ると、激しく揺られながらも爆睡している。とんでもないオッサンだと思ったものだ。

谷川さんは結局、２０１９年までに合計３０４校を建てた。ファウンダーから集めたお金は、全部で12億円余りに達するという。でも、大企業からの寄付はほとんどないらしい。大企業はCSR（企業の社会的責任）を気にするものの、寄付することで社名が大きく取り上げられたり、メディアで取り上げられるものに流れるきらいがある。小さなNPOには冷たかった。

結局、谷川さんの思いに共感し学校建設に協力してくれたのは、個人がほとんど。しかも大半の人が現場を訪れ、開校式で地元の子どもたちとの直接の触れ合いを楽しむ〝遊び心〟のある人たちだった。

谷川さんも、お金を出してそれで終わりという資金援助だけでは国際協力として底が浅いと考えている。AEFAの活動が素晴らしいのは、学校建設をハコモノの提供だけに終わらせない点だ。日本の学校と現地校とをつなぐことに力点を置いており、AEFAの職員が日本の学校に出向いてラオスの学校建設物語を話す「出前授業」もすでに740回行っている。

ここまで谷川さんの足跡を記してきたが、もっと詳しく知りたい読者は、彼自身による著書『奔走老人』（ポプラ社）を読んでもらえると嬉しい。

▼教育がなければ、国は発展しない

これだけハイペースで学校建設ができたのは、現地のパートナーＮＧＯの存在が大きい。ラオスの場合、ノンさんとの出会いが大きかった。ノンさんはビエンチャンの大学の医学部を卒業して大病院への就職が決まっていたにもかかわらず、それでは故郷の困窮を救うことができないと、米系のＮＧＯに。

そして２００８年、彼女が独自にＮＧＯを立ち上げるのを谷川さんは支援。ノンさんの団体ＡＣＤは、ラオス政府が公式に認定したＮＧＯの最初の５つに入ることに。

今、ノンさんが次世代を託す人材として育てているチャンさんという女性がいる。ノンさんは地域の恵まれない子ども７人を養子として育ててきた。チャンさんはそのうちの一人だ。何とかしてチャンさんを大学に行かせたいというノンさんの願いを聞き、谷川さんはチャンさんを日本に呼び、研修のために学校訪問をさせている。ＡＣＤは、現地教育委員会との交渉や候補地の選定、地元住民との話し合いを行ってくれる。着実に成果を上げる谷川さんとＡＣＤのラオスでの評価は高い。

最貧国ラオスの山岳地帯は、たくさんの少数民族が村をつくり、開発が遅れている。教育を受けていないために、外国人の甘言に乗って農地を奪われたり、木材目当てに森林を乱開発される例が相次いでいるという。そうした人たちを貧困から救うためには、何より教育が不可欠なのだ。

教育が広く行き渡らないことには国の発展はおぼつかない。

明治時代の日本は、教育に力を入れることで近代化を成し遂げた。先人たちの努力があったから、全国津々浦々に小学校ができ、子どもたちは勉強する機会を得た。

ところが、明治政府には予算が足りなかったから、初期の小学校は必ずしも政府が建てたものではなかった。篤志家や地域の人たちが協力して学校を建て、先生を迎えたのだ。今まさに、150年前の日本の学校づくりが、ラオスなど、アジアの最貧国で求められている。

▼学びの拠点を世界へ

4回目の訪問の途上、谷川さんとノンさんの案内で、サラワンにあるクアセット小学校に立ち寄った。比較的、街に近い場所だが、茅葺きの屋根の教室には窓ガラスはなく、吹きさらしだ。雨が降ると授業ができなくなるという。ノンさんたちは、ここに小学校と中学校を建て、教育拠点をつくろうという構想を描いていた。

私たちが訪れると子どもたちが集まって来た。キラキラ輝く目というのはこれなんだよなとラオスを訪れるたびに痛感する。なぜか日本の子どもたちの目からは、とうに消え失せている輝きだ（ひょっとすると、幼稚園までは例外かもしれない）。

校舎建設には前回同様、数百万円かかるはずだ。大金持ちにしかできない額ではない。その場で私が12校目の学校として設立を支援すると谷川さんに伝えた。ノンさんたちは跳び上がらんばかりに喜んでいた。

誰かと共同で出資できれば、西野さんのケースのように、また豊かな物語が生まれ、絆が深まるだろう。そういう物語の増幅装置には投資する価値がある。金銭でのリターンは求めないから、投資とは呼ばないかもしれないが。

日本人が建てた学校で学んだ子どもたちが成長して、ラオスの発展だけでなく、アジアの未来を担う人材に育ってくれれば嬉しい。もちろん、地元で警察官や先生になるのもいい。いずれ彼らが日本との架け橋になり、アジアに平和をもたらす礎になる

目を輝かせて
学ぶ子どもたちが
いずれアジアの
平和の礎になる

に違いない。

アジアの国々に学校を寄贈するという国際貢献は大金持ちの専売特許だという「常識」は捨ててしまおう。普通の人でもちょっと頑張れば共同で実現できるという事実をもっとたくさんの人に知ってもらいたいと思う。

▼学校同士のつながりが、国を支える力に

最後に、ＡＥＦＡを支援する「アジア希望の学校基金（Wisdom of Asia for Next Generation)」の活動を通じて、私が抱いた夢に触れる。

ＡＥＦＡはベトナムとラオスを中心に３００校以上の学校を建てたが、他のアジアの国々に学校を建てている日本人はたくさんいる。

たとえば、カンボジアでは『３年Ｂ組金八先生』の脚本家である小山内美江子さんがやはり３５０校を超える学校を建てたと聞いている。昔は原材料費や人件費が安かったから、１５０万円程度でも校舎が建ったから、学生がボランティアで建てた学校もある。ところが、日本人のお金で、その志と情熱でアジアの各国に建てた学校が合

WANGで仲間たちと設立した11校

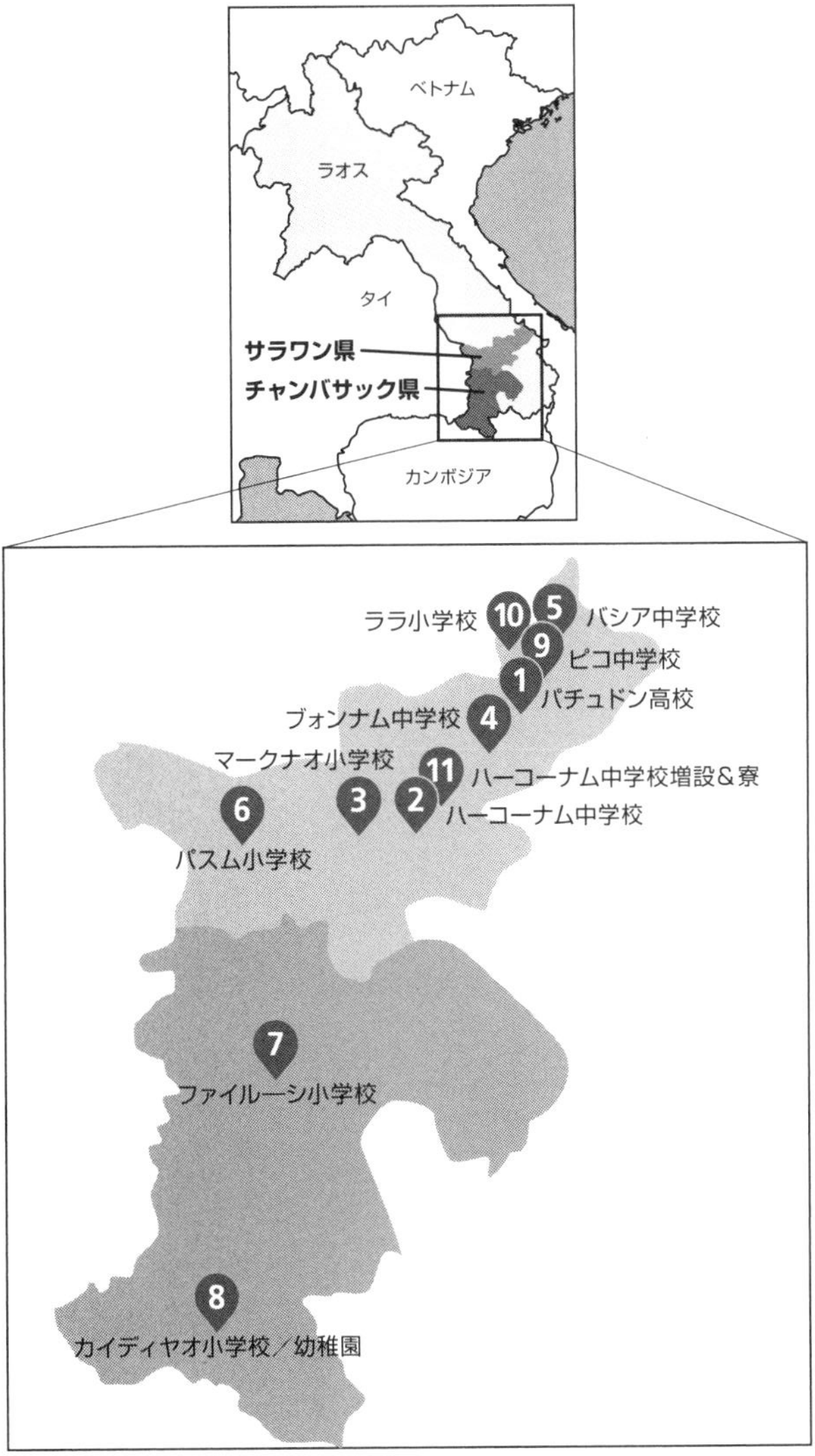

計でいくつあるのか、どこにも統計がない。

横につながって情報交換をすれば、建物の原価や人件費、教材の情報、学習メソッドから教員の育成法まで意見交換するメリットは大きいのではないかと思う。

日本の義務教育学校は小学校2万校、中学校1万校で合わせて3万校あまりだ。

もし、現在でも日本人が建てたり、支援した学校が3千校あるとして、今後活動を活発化させアジア全域に3万校、日本と同じだけの学校建設を支援できたら、国際親善と民間外交と安全保障が三位一体で実現できるのではないか。

そんな夢を見た。

認定NPO法人・アジア教育友好協会（AEFA）

第2部

僕らがSNSから自由であるための「幸福論」

現代社会には、多様性の時代とかダイバーシティとか、人はそれぞれであるというキャッチフレーズが満ち溢れている。

あなたも、人一倍個性的でありたいし、誰のようでもない人生を切り拓きたいと願って生きているのではないだろうか。

ところが、現実を注意深く見てみると、身の回りの商品はけっこう似通ってきているし、人々の行動パターンも、皆が個性を発揮してそれぞれにユニークな人生を歩んでいるとは言い難い状況になっている。

正直言って、皆が似通ってきているのだ。

たとえば、テレビのバラエティ番組は、どれも学校のようになり、ひな壇に乗った芸人（バカに見えるのに頭のいい人）とタレント（カワイイかカッコイイのに、バカのふりができる人）が、出題されたクイズを解くスタイルが蔓延している。

序章でも述べたように、スマホの形は長方形だけで、誰も、楕円形や手鏡によくある円形のスマホを持っていない。機能も皆、似てきている。クルマの顔つきも、ちょっと前まではＢＭＷもジャガーも丸目二灯で個性があったのに、今では四角い釣り目状になり、レクサスやプリウス、電気自動車のテスラも一緒で、正面から見るとどれも怒ったような表情をしている。

▼あなたの人生も似通ってきている!?

あなた自身も、FacebookやInstagramを気にしすぎて、ちょっといいなと思う他者に似た生活パターンを知らず知らずのうちに選択してしまってはいないだろうか？

私は、超ネットワーク社会が進むと、この傾向はさらに進み、気を付けないと、物も人も無限に似通ってくると考えている。

この傾向を、ネットワーク効果による「中心化」と呼ぶ。商品も人も、皆が周りから中心に寄ってきて似通ってしまうという意味だ。

「画一化」と呼ばないのは、まったく同一の形をしているわけではないから。

なぜ、個性が大事だと皆がわかっているのに、このような「中心化」が起こるのだろうか？

▼なぜ「中心化」で似通ってしまうのか

3つの理由を挙げてみよう。

1つ目の理由は、現代のような「超」の付くネットワーク社会では、良い商品や便利な機能はアッという間に知れ渡り、（資材の調達が自由なマーケットでは）アッという間に真似されるからだ。

スマホの形状や機能がほぼ一緒なのも、新車のスタイルや性能に個性がなくなってきているのも、この効果だろう。

とりわけ競争が激しい市場では、良い商品は即コピーされ、似てくるというわけだ。

2つ目の理由は、同じことが人間同士のライフスタイル間でも起こるから。

SNSで他人の生活を覗き見て、自分自身のリア充の偏差値を日々気にしながら生きる人が増えると、商品と同じように人間の生活パターンも似通ってくる。

このことは大事なポイントなので、事例を示しておく。

超ネットワーク社会が進むと人も商品も、中心に寄って似通っていく「中心化」が起きる

NewsPicksのあるインタビューで、高校時代から「女子高生社長」として知られてきたＡＭＦ代表取締役の椎木里佳さんは、自身のインスタグラム利用について、こんな発言をしている。

その日の出来事をストーリーにアップするのは当たり前だし、（著者注：書かないと相手に）**「今日、私と一緒にいて楽しくなかったのかな」と思われてしまいます。夏休みとかに1週間、ストーリーをアップしていないと「生きてるの」と言われることもあります。ストーリーは、仲のいいコミュニティーの人たち同士なら、絶対見ないといけないです。**

（【椎木里佳】今、若者がハマる「流行・服・ＳＮＳ」を教えます／NewsPicks）

親世代には、日記を書かないと友達から「生きてる」と思われないとか、ブログを書かないと仲間として認められないという、書かない人間にとって息苦しいまでの同調圧力はなかったはずだ。

このＳＮＳの高度利用の中で生まれる同調圧力が、あたかも学級内での同調圧力のように、似通ったライフスタイルを助長する原因になっている。

人間が情報化し、リアルとバーチャルが入り混じって、人生自体が情報化しているのだとも言える。

また、「同じマンションに住むお隣さんは、家族構成も年収もほぼ一緒の世帯のはずなのに……なんでこんなに生活レベルが違うんだろう」という住宅ローン会社のコマーシャルが頻繁に流された時期がある。

家への帰り道を歩いていると、新車に乗ったお隣さんに追い越されていくシーンが印象的だった。

友人がどこで何をしているかを常に眺めながら生活するFacebook的な人生は、この感覚を毎日味わいながら、友人の生活レベルと自分のとを比較しながら生きているのに似ている。

ランチや夕食やカーライフだけでなく、子どもの学校やパーティーでの友人関係、あるいはどこに旅行に行っているのか、も含めて。

「隣の芝生は青い」ということわざがあるように、隣人の生活は、仮に同じことをやっていても良く見えてしまう。

それが、たとえ無意識であっても競争心を煽り、ライフスタイルを真似ることを促し、SNSによる「中心化」を加速させる。

だって、隣人は最高に良く映った写真や動画をアップしているわけだから。

あなたが投稿するものだって、そうじゃないかな？　それは逆に、あなたの隣人にとっては必要以上に青く見えてしまっているはずですよね（微笑）。

3つ目の理由は、さまざまな判断をスマホ（とつながったクラウド）に任せてしまうことから生じる。

レストランを選ぶのに、大勢の人が利用したリアルな評価をレイティングして参考にするのは素晴らしい知恵なのだが、これが高じると、皆が同じ（評価の高い）店を目指し、行列を作る結果になる。

車でドライブするのにGoogleを頼りにしている人は、大勢の他者が走っている膨大なデータを処理した結果を無意識に利用しているわけだが、やがて、その延長で、AIがビッグデータから割り出した結婚相手との相性を信じ、さらには会社の選択をも任せてしまうようになる可能性がある。

つまり、人生そのものの判断についても、似通ってくるのだ。

▼スマホという武器の効用とリスク

スマホの原型となったiPhoneは、アップルのスティーブ・ジョブスが生み出した。その起源はマッキントッシュというパーソナルコンピュータで、巨人ＩＢＭのメインフレーム型コンピュータが支配者側のイメージだったとすれば、それに対抗して、個人をエンパワーする武器として登場した。

実際、パソコンはインターネットと結びつき、その後スマホ・ネットワークに進化する過程で、個人が出版社にも、（ブログで）新聞社にも、（YouTubeで）放送局にもなれる世の中を出現させた。

「ＴＶや新聞を代表とするマスメディア」vs「個人をメディア化させるスマホというパーソナルメディア」という構図だ。文字通り、スマホは個人を利する武器として機能してきた。

ところが、その武器が圧倒的に普及して、およそ世界人口の半分にも及ぶ人々が動画でつながる超ネットワーク社会になると、個人の武器とだけは言い難い側面が見えてくる。

上記に挙げたような理由から、同じ考えや行動パターンを助長するメディアに変貌（メタモルフォーズ）し、今や、テレビの力を凌駕するほど強力にマスメディア化しているという認識だ。

「誰のようでもない人生を切り拓きたい」と願っている読者には耳が痛い話かもしれない。でも、事実をはっきり捉えておいたほうがいいと思う。

このまま黙ってスマホ頼りの生活を続けていくと、あなたの人生自体が、無限に他の人と似通ってきますよ、ということだ。

これを避けて誰のようでもない人生を生きるためには、「個性的に生きたい！」と叫ぶだけでなく、まず、この超ネットワーク社会にかかった同調圧力の呪縛について、きちっと認識することが先決だと思う。

さらに、ときにネットワークから距離を置き、自分を情報社会から意図的に隔離して「正気を保つ」ことを勧めたい。

「中心化」されないためには、情報社会の中心からできるだけ離れて、辺境や過疎地に逃げ込む時間を持つことだ。

▼時間の1割をバカげたことに投じよう

そして一番有効なのは、目の前の「当たり前」を疑い、常識・前例・コトなかれモードから解き放たれるよう、ヤンチャな振る舞いを続けること。

そう。第1部でも書いたように、あなたの中に眠る「ちょっとした狂気」を目覚めさせて、コロナ後の沈滞を自ら打ち破るのだ。

「なんか、へんだな?」
「これ、違うんじゃね?」
「どうも腑に落ちないんだけど?」

という「?（クエスチョンマーク）」を大切にして、あえてバカげたチャレンジをしてみることをおすすめしたい。

成功しなくてもいいから、叱られてもいいから、恥をかいてもいいから、自分の時間の1割を「バカげたこと」に投じる。

それがあなたの内にある健全な「狂気」を育てることになる。

革命はいつも、たった一人から始まる。
その革命はまず、あなたの内側に生じる革命でなければならない。

これから紹介する第2部の3つの物語は、私自身が遭遇した日常的な「なんか、へんだな？」の疑問に対して、どんなふうに自分なりの仮説を打ち出し、どんな仲間と組んで現実の姿にしていったか。そのデザインワークについて書いている。

必ずしもすべてのプロジェクトで成功しているわけではないし、試行錯誤中の中間報告も含まれる。新しいデザインの商品を現状のアンチテーゼとしてつくってみたものの、その後販売中止になったものも……（苦笑）。

常識を疑ってイノベーションを起こす物語が続くが、第4章と第5章は、奈良市立一条高校の校長時代に疑問を持ったことをきっかけに私が仕掛けた物語。第6章は、

「中心化」されないためには
ときに超ネットワーク社会から
自らを隔離して
「正気を保つ」ことが必要

身の回りの生活用品のデザインを一新する物語である。

第1部に続けて読んでいただければ、あなた自身の目の前にある「当たり前」を改革し、人生を「中心化」圧力から守るための参考になるだろう。

「常識」や「前例」を覆す内なる「狂気」を育てながら、さらに人生を芸術的に生きてほしい。

▼組織ではなく「自分の時間割」を見直す

具体的な革命の物語に入る前に、もし、あなたが人生をクリエイティブに、芸術的に生きたいなら、日々の時間軸を自分に合ったものに修正しなければならないこと、も指摘しておこう。

なぜなら「人生」とは、人が生まれてから死ぬまでの「時間」であり、その時間の過ごし方に他ならないからである。

通常、私たちの時間感覚には学校の時間割が染み付いている。幼稚園や大学を含めると人生前半の20年間、45分とか50分とか90分に仕切られたコマ数をこなす時間感覚を叩き込まれる。

さらに、サラリーマンや公務員になって叩き込まれる時間割も、これに準じる。ビジネスダイヤリーにも1時間ごとにスケジュールが埋め込まれ、会議がＺｏｏｍになった今でも「13時から14時まで空けといてください」と詰め込まれる。

つまり、人生の中盤まで、うっかりすると30年間もの間、学校や会社の時間割が私たち固有の人生を呪縛することになる。

では、どうしたら自分の人生のオーナーシップを取り戻せるか？

自分のイニシアチブで「自分の人生」が生きられるのか？

それには、「時間割」を見直すことが早道だ（この点に同意の読者は、ちくま文庫から刊行されている藤原和博「人生の教科書」コレクション４『処生術〜自分らしく生きる方法』も合わせて参考にしてほしい）。

もし、あなたの日常の時間の中で、１８１ページの図のように、１割の時間を「組織的で処理的な時間」から「個人的で編集的な時間」にシフトできれば、その一点で

「誰かと似たようになってしまう」ことから逃れられるはずだからだ。

少し解説しよう。

上下の軸は、時間の使い方が「個人的なもの」か「組織の要請によるもの」かを示している。個人的な趣味や買い物、旅行などが「個人的な時間」に入り、学校で勉強している時間や会社での仕事時間は「組織的な時間」に属する。

もちろん、コロナ後のリモートブームの中では、自宅の書斎でＺｏｏｍ会議をしている時間は「組織的な時間」だけれど、そのままオンライン飲み会に移行した場合は、すぐさま「個人的な時間」に入ったように見える。

でも、そこでも飲みながら、新商品やサービスのアイデアや上司の悪口は出るだろう（笑）。仕事モードと遊びモード、オフィシャルとプライベート、オンとオフは、今後ますます、境目が曖昧になっていくだろう。

左右の軸は、処理的な時間の使い方をしているか、編集的な時間の使い方をしているかを分ける軸。

自分の時間割を見直す

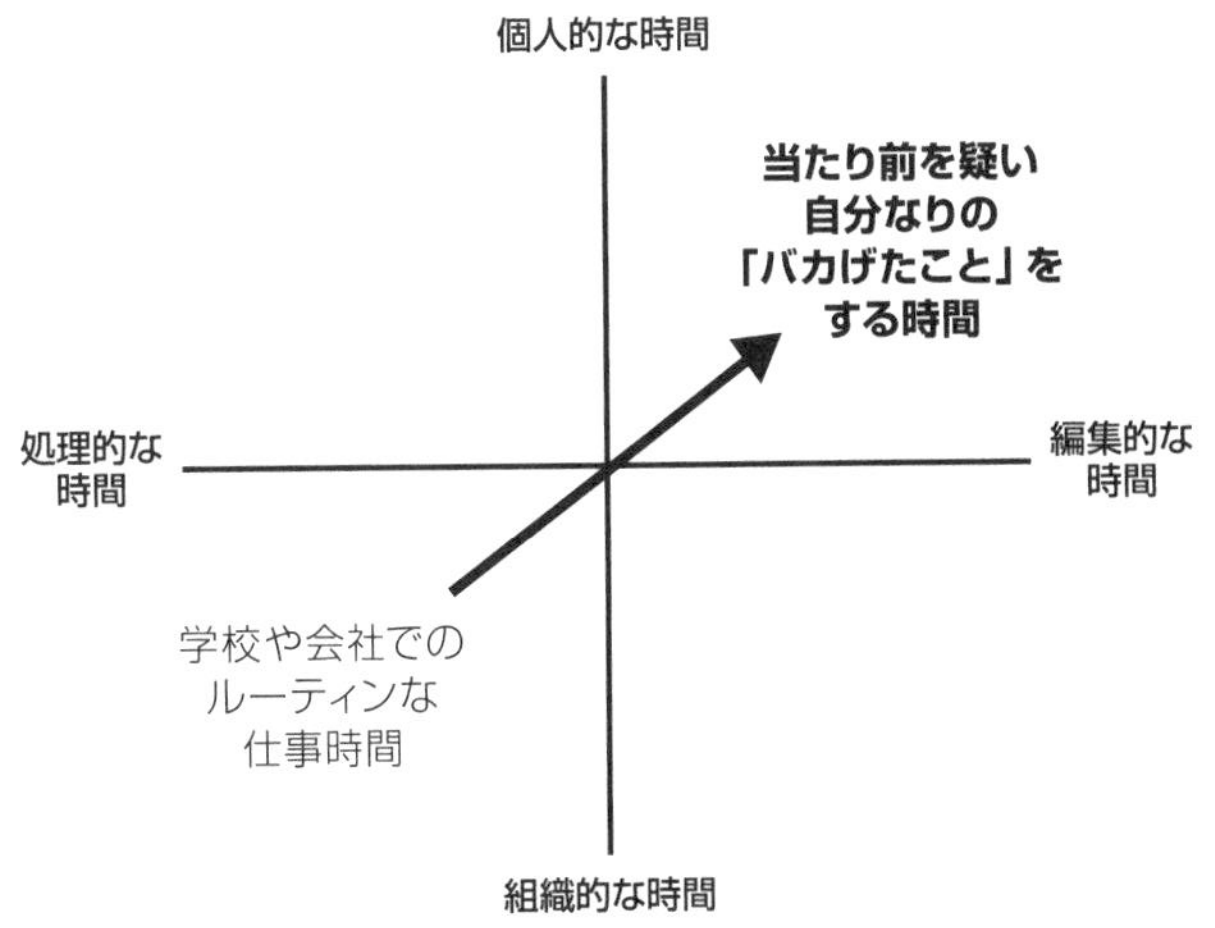

処理的というのは、アタマの回転を速くして、早く、ちゃんと正解を導くこと。

編集的というのは、アタマを柔らかくしてイマジネーションを働かせ、クリエイティブに仮説を導くことを指す。

ファッションで言えば、シャツやスラックス、シューズをたくさん揃えて整理しておくのが処理。それらを組み合わせて今日のデートに合ったお洒落を楽しむのが編集。

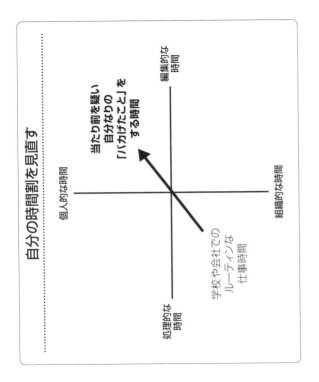

学校でひたすら記憶力に頼って漢字を覚えたり、正解を出すために計算練習をしている時間は「処理的な時間」である。でも、正解が1つではない課題について（たとえば「自殺の是非」や「憲法改正の是非」について）、アクティブラーニングでディベートやブレストしている時間は「編集的

な時間」に属する。

また、会社でひたすら左から右に処理仕事をこなしている時間、全体システムの一部となって「早く、ちゃんと、いい子に」仕事している時間は「処理的な時間」に入る。でも、商品やサービスの改善や革新を図る活動中は、自分なりの知識・経験・技術を総動員し（組み合わせて）、すべての関係者が納得できる仮説、つまり納得解を創造する必要があるから「編集的な時間」に属する。

昨今叫ばれている「働き方改革」というのは、ただ単に残業をしないで夕方5時退社を目指すものではなく、こうした時間改革こそが真の姿なのではないだろうか。

なぜなら、1割の「バカげたこと」があなたの人生に彩りを添え、家族や友人やコミュニティの仲間との話題に事欠かない物語を紡ぐ糸になるからだ。

そして、人間と人間の関係の中で紡がれる豊かな物語の増殖こそが、幸福感の源泉になる。

その意味で、本書は、新世代のための「幸福論」を提案してもいるのである。

真の「働き方改革」とは、処理と編集の「時間改革」だ

第4章

スマホから発注できる学生服「ichijo」

制服は一人ひとり採寸するし、オーダーだから高くて当たり前だ。

そんな常識はすぐに忘れてほしい。私が一条高校の制服を改めようとしたとき、制服業界の裏事情を徹底的に研究すると、なんと制服はオーダーメードではなく、既製服だと判明したのだ。

つまり採寸するのは、せいぜい5つ（S・M・L・LL・XL）か7つくらいのパターンで、普通の既製服と同じようにあらかじめつくったものから、この子にはこれ、この子にはこのサイズと、少し大きめのサイズを選んでいるにすぎないのだ。「採寸する」＝「オーダーメード」＝「高くて当たり前」は日本の保護者と教員のすべてにかかった呪縛だった。

だとすれば、スマホで自分の身長や胸回りのサイズを入力して、メーカーに直接発注することが可能なはずだ。一条高校では生徒個人のスマホをWi-Fi接続して授業に生かすチャレンジもやっていたから、このシステム移行は可能だと考えた。

申し訳ないが、長年お世話になった小売店（実際にはメーカー機能もある流通業者）には遠慮してもらって直販体制をつくれば、流通マージン分の15％から20％安くなるはずだ、と。

折しも、公正取引委員会が、ユニクロなど日用の衣料品がどんどん高機能で安価になっているにもかかわらず、なぜ学校の制服だけは値上げが続くのかに疑問を呈し談合を疑った。また、銀座の公立小学校ではアルマーニに制服をつくらせ、８万円もの高価格で売ることが報じられ、制服の価格に対する意識が高まった時期でもあった。だから、高機能でデザインも良くなるのに「スマホから直接発注することで2割安くなる制服」のチャレンジを文部科学省の記者クラブで記者会見し、話題になったのだ。

この常識「制服は高くてもしょうがない」が恐ろしいのは、いまだに上記のような事実を、全国のほとんどの保護者や教員が知らないで済ましている点だ。

なお、スマホから発注できる制服システムは、図らずもコロナ災禍によって、採寸での濃厚接触がいらない「新しい生活様式」としても脚光を浴びている。

▼着々と値上がりする制服

日本経済は、長らくデフレに悩まされてきた。政府はなんとかして物価を上げようとさまざまな策を講じているが、効果をあげていないというのは、ビジネスパーソンなら常識だろう。しかし、このデフレ化で、ほとんど誰にも注目されないまま、着々と値上がりし続けているものがある。

学校の制服だ。

総務省統計局の「小売物価統計調査年報」には、「女子用学校制服」という項目がある。これは公立中学校の冬服・セーラー服型を対象にしたものだが、たとえば2001年の全国平均価格は2万7685円だった。それが2019年になると、3万2214円になっている。

ちなみに、女子用学校制服が一番高いのは青森で、2001年に3万7330円だったものが、2019年には4万4244円にまで値上がりしている。

公立中学の男子制服も同様で、2001年に全国平均価格は2万9131円だったものが、2019年には3万3738円になった。秋田県では、2001年の3万9110円から、2019年には4万7411円と、8000円以上も高くなっている。

この値上がりは、公立高校も同様だった。

制服は、デザインをそれほど頻繁に変えるものではない。学校によっては、数十年間も同じデザインを貫いているところもある。デザインを変えなければ、もちろん使用する素材も変わらない。同じデザインのものを、同じようにつくっているのに、価格だけ右肩上がり。

2001年からの18年間で人件費が多少上がったにしても、それだけで4000円から5000円も高くなるだろうか？

このことに関心を抱いたのは、2015年に奈良市政策アドバイザーを務めたのが縁で、翌年4月、奈良市立一条高等学校の民間校長に就任したのがきっかけだった。

就任した年、たまたま制服が値上がりしたのだ。長年、一条高校の制服を販売している業者から、「生地の値段が上がったので値上げをお願いしたい」と生徒指導部長に相談があり、「過去10年間、値段を変えていなかったので、やむを得ず上げた」と部長から報告を受けた。

その時に「なにかおかしい」と感じた。

制服を発注しているクライアントは一条高校である。それなのに、制服メーカーや販売業者から「縫製費を5％値上げしないとつくれません」と言われたら、受け入れざるを得ない歪（いびつ）な構造になっていた。制服メーカーと販売業者側に主導権があるのだ。

▼ビジネス的な感覚が気薄な学校

イノベーションの種は、この「なにかおかしい」という直感的な疑問に潜んでいることがある。「こんなサービスがあったらいいな」「こんなものがあったら面白い」という閃きや思いつきと同様に、大切にしてほしい感覚だ。

私がこのときの値上げにちょっとした違和感を抱いたのは、民間企業の視点でモノゴトを見てきたからである。恐らく、どこの中学、高校も制服メーカーや販売業者とは創立以来の長い付き合いになるので、勝手知ったる身内のような感覚になっているのではないだろうか。

イノベーションの種は「なにかおかしい」という直感的な疑問に潜んでいることがある

ほとんどの学校の教員は教育熱心ながら、「コンペをしてより良い条件の業者を選ぼう」とか「相見積もりを取って、安いほうにしよう」というビジネス的な視点が希薄だ（ビジネスの経験がないのだから、仕方のないことだが）。

さらに、授業だけではなく、最近では事務的な文書の処理など事務量が増えて多忙なため、コンペなどは面倒くさいから、やりたがらない。

特に、制服に関しては生徒の保護者が代金を支払うので、デザイナーを起用したりしてかっこいい、かわいい制服を売りにしている私立の学校以外では、教員が価格を下げたり、質を良くするモチベーションを持ち得ないのだ。無理もないことだと思う。

それをいいことに「言い値」で高値を付けて、利益を確保しようとする業者だっているはずだ。だから、一社独占契約が何十年も続いているなかで、「縫製費が上がったから、制服代を5％値上げしたい」と言われたら、特に交渉することもなく、「はい、わかりました」という関係になっている。

もし疑問を持ったとしても、「それならほかの業者に頼む」と言える選択肢がないから、受け入れるほかにない。

生徒の保護者にしても、制服はこの価格ですと学校側から提示されたら疑問を挟む余地はないし、在校生の保護者は値上がりした事実すら知らされない。兄弟が同じ学校に入らなければ、比較は不可能だからだ。

ビジネスパーソンの普通の感覚を持っていれば、この関係はおかしいとすぐに気づくはずだ。

▼公正取引委員会が独占禁止法違反を認定

学校制服の市場規模は1100億円程度と言われていて、大手メーカー4社でシェアの7割を占めている。

制服メーカーや販売業者からすると、少子化で学校の統廃合も進み、これからも子どもや学校が減るのは目に見えている。縮小する市場のなかで利益を確保するためには、他社に乗り換えられる心配のない既存の取引先に対して、値上げを依頼するのが手っ取り早い。

それが行き過ぎた例が、愛知県豊田市の例だろう。

2020年7月1日、公正取引委員会は、同市の県立高校6校の制服販売に関して、大丸松坂屋百貨店（東京都江東区）など4社が価格カルテルを結んでいたとして、独占禁止法違反を認定し、同市の販売業者3社に対し、再発防止を求める排除措置命令を行った（大丸松坂屋は違反行為を自主的に申告し、今年3月に制服事業から撤退したため、命令の対象外に）。

報道によると、県立高校6校の生徒が制服を注文できるのは大丸を含む4社のみ。4社はこの関係を利用し、2015年度以降、制服の料金を平均8％程度値上げしていた。その結果、6校の制服価格は公立高校の制服の全国平均と比べて約11％高い6万1635円になっていたそうだ。

（東洋経済オンライン『学校制服「価格つり上げ」生むいびつな流通構造　愛知で学生服のカルテル3社に排除措置命令』などの記事を要約・引用）

こういうブラックボックス化した仕組みが全国の学校に拡がっていて、毎回数パーセントの値上げが積もり積もった結果、学校制服の高騰につながっている。

しかし一方、高額な制服は生徒の家庭にとって大きな負担になっている。

子どもは中学、高校で大きく成長するから、一度、制服を購入すれば6年間着られるわけではない。毎日着るものだから、傷むのも早い。2、3年で着られなくなる消耗品なのだから、保護者にとっては安ければ安いほどありがたいだろう。学校がメーカーや販売業者の言いなりにならざるを得ない関係性も、改善すべきだ。

そう考えた私は、学校制服業界のブラックボックスに手を突っ込むことにした。

▼学校制服にまつわる驚愕の事実

そのためにはまず、学校の制服についてよく知る必要がある。

私は学生服を中心とした衣料品の製造・販売を手掛ける大阪の企業で、学校制服に関しては業界4位の「瀧本」の寺前弘敏・事業開発本部副本部長に連絡を取った。

8〜9年前に一度、瀧本の展示会で講演をしたことがあり、寺前さんとはその時に知り合った。その後、ハードシェル型のリュックの開発をしようと考えていた時に一緒にやらないかと声をかけ、いくつかの会社を紹介してもらったりと付き合いが続いていたのだ。調べてみたら、たまたま一条高校に一番近い制服メーカーだったから、声をかけやすかったという事情もある。

寺前さんから業界についていろいろ話を聞いていて、思わず「ええっ！」とのけぞってしまうほど驚いたことがあった。

読者の皆さんも経験があると思う。どこの中学、高校でも、だいたい合格発表の数日後、学校に集まるように指示がある。制服を購入するにあたって、採寸するためにだ。一人ひとり丁寧に採寸するものだから、私はこれまでずっと「学校の制服はオーダーメード」だと思っていた。「だから多少高いのも、仕方がない」という気持ちもあった。

ところが、寺前さんは**「学生服は既製服です」**と言うのである。

なんと、学生服も普通の洋服と同じく3Sから3Lまでだいたい7パターンほど用意されていて、採寸してちょうど良さそうなものを渡しているだけなのだ。

これは後日にわかったことだが、生徒の保護者も学校の教員たちも、ほとんどが「学校の制服はオーダーメード」だと信じ込んでいたから、「実は既製服なんだよ」と教えると、みんなが私と同様に驚いていた。でも、言われてみれば、それもそのはず。

全国の中学、高校で3月にほぼ一斉に採寸があって、オーダーメードで制服を作っていたら、4月の入学式に間に合うはずがない。

これは余談になるが、2018年2月、東京都中央区銀座の泰明小学校が、同年4月に入学する新1年生より、イタリアの高級ブランド、アルマーニがデザインを監修した「標準服」を導入すると発表した。一式約8～9万円と高額で、メディアでも話題になったから記憶している方もいるだろう。

このアルマーニ制服は百貨店でオーダーするそうだが、どこでつくられているか？アルマーニだからイタリア？　そんなはずはない。3月に採寸して、イタリアでイチからつくって4月の入学式までに納品するのは不可能だ。

実は、泰明小学校のアルマーニ制服をつくっているのは、寺前さんが働く「瀧本」なのである。

ある報道では、泰明小学校に子どもを通わせている保護者の「やはり質が高い」という評価が紹介されていたが、もちろん子どもたちが手にしたのはオーダーメードではなく既製服。質がいいのはメイドインジャパンだからだろう。

▼「変えない」からコストが上がる

私は、制服が既製服だと知って、こう考えた。

それなら価格はもっと下がるはずだし、学校に集合して採寸する必要もない。３Ｓから３Ｌまでのサイズから、自分で、あるいは親が適当なものを選べば済む話だ。だって、普段着を通販で選ぶのと変わらないのだから。

寺前さんから聞いた話を頭に入れて、改めて、値上がりしたばかりの一条高校の制服を見ると、改善できそうなところがいくつも見つかった。

まず、デザイン。一条高校は１９５０年に開校してから私が就任する２０１６年までの66年間、ほとんどデザインを変えていない。男子は詰襟だったからそれもわかるが、女子の制服はちょっと野暮ったくて、県別の制服ランキングでは当時40位台。

奈良には公立と私立の高校が54校しかないから、下から数えたほうが早い人気のなさだった。しかも、メーカーが自主的に制服の生地や素材、製法を変えることはないから、66年前からほとんど同じ生地と製法で作られていた。

「一度これと決めたら、ずっと同じものを売らなければいけません。素材の質が低いのに、昔のものは手に入りにくいから高くついたりもするんです。今ならこんなやり方もあるのにな、と思いながら、昔のやり方をずっと続けないといけないことも多いんです」

寺前さんからこう聞いて、耳を疑った。

わざわざ、なかなか手に入らない昔の低品質の生地や糸を仕入れていて、それが値上がりの理由にもつながっているという。そのことが価値になるヴィンテージの洋服ならわかるが、学校の制服でそこまでする理由はない。

また、一度決めたことを律義に守り通すのは日本人の特質である。

しかし、「変えない」ことに固執してがむしゃらに前例踏襲を続けるのは、思考停止しているだけではないか？　変えないことと変えることのメリットとデメリットを比較しなくては、より良い選択はできない。

制服の生地1つ取ってみても、66年も経てば技術開発が進み、吸湿速乾性など機能性に優れ、なおかつ安価な生地もある。たとえば、自宅で簡単に洗濯できるような制服になれば、保護者の負担も確実に減るだろう。

見た目や素材だけではなく、女子の制服が昔ながらの3ピースだったことも気になった。奈良の冬はとても寒いから、一昔前は防寒対策として制服の下にベストを着て授業を受けていた。しかし、今の時代に防寒用ベストは必要だろうか？

ニットのベストのほうが組み合わせが楽しいし、着心地もいいはずだ（5ページ）。

そして、最大のポイントはやはり価格。私が着任した当時、制服（上着、冬夏のスカート・ズボン、冬夏のシャツの計5点の合計税込金額）は男子が4万7550円、女子が5万1950円だった。制服が既製服だと知ってしまうと、どう考えても高い。

この価格の根拠はなんだろう？　寺前さんによると、制服メーカーや販売業者にとって、大きなコストになっているのが3月の一斉採寸だという。

たとえば、新入生が毎年350〜360人前後いる一条高校の場合、従来のやり方をしたら採寸のために10人程度の人出が必要になるそうだ。基本的に現金のやり取りなので、その事務作業にも膨大な時間を要する。

そういった「経費」も上乗せされて、制服の価格が決まっているのである。

変えないことに固執して
前例踏襲を続けるのは
思考停止しているだけ

▼制服のリニューアルを決意

売り方、つくり方や素材を見直せば、いまより良い品質で、安くできるだろうし、制服を着る生徒、それを購入して維持管理する保護者の目線で考えれば、現状を変えたほうがメリットは大きい。

そう確信した私は、一条高校の制服をリニューアルすることを決めた。

学校の制服を変えるのは60年ぶりの一大プロジェクトだから、教員だけでなく、OB・OGからの抵抗も予想された。

実は私には、2003年から2008年まで校長を務めた杉並区立和田中学校でも、制服を変えた実績があった。

当時は、制服業界のブラックボックスに気づいていたわけではなく、女子の制服が特に古臭かったから、もう少しあか抜けたデザインにしてあげようと思ってのことだった。でも、その経験が役立った。

和田中では、男子は普通のジャケットにしたのだが、女子はジャケットとセーラー服、どちらにするかを決めきれなかった。

そこで、スカートを統一して、セーラー服とジャケットを選べるようにした。色調とトーンがあっていれば、セーラー服とジャケットの生徒が混在していてもおかしくないという判断だ。

教員たちは「バラバラはおかしい」などといろいろ言ってきた。

しかし、生徒がずらっと整列して、それを保護者や教員が正面から見るという機会は意外なほど少ない。卒業式で壇上から生徒を見るのは校長ぐらいで、保護者は後ろ姿しか見えないから、混在していても関係ない。歌唱祭の時は生徒が壇上に立つけれど、上着を脱いで歌うから、スカートとシャツが統一されていれば、問題ない。

だから大丈夫だと、ジャケットとセーラー服の選択制で押し切った。これが結果的には好評で、ちょうど半々ぐらいの割合になった。

これも1つの「常識への挑戦」で、このときにどうやって制服が作られるのか、制服を変える過程にどんなことが起きるのか、いろいろと学んでいたことが一条高校でも活きたわけだ。

▼「よそ者」に必要な根回し

和田中でもそうだったが、ＯＢやＯＧ、教員のなかにも古い制服に特別な思いを抱く人がいる。保護者にも一条高校出身者が多いから、愛着があるはずだ。

そこでまず、生徒と保護者の反応を探るために、瀧本に協力を仰いで、テストマーケティングをすることにした。

制服を変えるといってもどう変わるのか、現物を見ないとイメージが湧かないだろう。だから、和田中時代と同様に、マネキンに試作した制服を着せて校長室に並べたのだ（5ページ）。

校長室の廊下側の扉は基本的にオープンにしていて、いつでも入ってきていいと生徒に伝えてある。一条高校でも、女子生徒を中心に校長室に来て新しい制服を見に来る子が増えていった。なかには触って生地の感触を確かめる子もいた。

２０１６年９月には、よのなか科の授業で「制服問題を考える～ディベートの基礎技術をつかむ」というテーマで生徒とディスカッションをした。

ゲストスピーカーとして瀧本の社員に「制服の起源」について紹介してもらい、そこから生徒たちにとっては当たり前の「制服」という存在について複眼的に考えてもらおうという意図だった。

開校以来変わっていない一条高校の「伝統ある制服」を題材にしながら、制服の必要・不要論や制服の意義などについて大人と生徒たちでディベートを行った。

こうして少しずつ、学校内で「制服を変えよう」という機運を高めていったことで、生徒や保護者、そして教員からも「絶対に制服を変えないでほしい」という声は後退していった。

当時の校内の雰囲気について、私が着任するタイミングで奈良市の教育委員会から一条高校の副校長に就いた錦秀知さん（現校長）はこう振り返っている。

「うちの制服も、同じデザインなのに値段だけが上がっていく構造ができていたので、やっぱり疑問はありましたよ。高校は独自のデザインの制服をつくるので、最初に依頼した一社とつながりができます。その後に、まったく同じ形、同じ素材なのに入札するのは難しく、自然と慣れ合いの構造になってしまった。その影響で、保護者負担がすごく大きくなっていましたからね。特に入学時なんて、ものすごくお金がかかるから、安いにこしたことはない。それはみんなわかっているから、声高に反対する人はいませんでした」

なにか大きなことを成し遂げようというとき、トップダウンでいきなり決定し、押し付けてしまうと、大きな反発を招くことがある。特に、私のような「よそ者」が誰も手をつけてこなかったブラックボックスにメスを入れようとする場合はなおさらだ。

そうした状況下で目的を速やかに達成するためにはどうしたらいいか。

1つは、改革のキーパーソンを最初に巻き込むという手がある。この場合は、「生徒」だ。私がいくら制服の価格やデザインの話をしても、制服を毎日着ている生徒たちが「制服を変えたくない」と言ったら、強引に推し進めるのは難しい。

逆に、生徒のなかに「制服を変えたい」という機運が高まってきたら、保護者や教員の心を動かすことができる。今回は、テストマーケティングやよのなか科の授業が功を奏した。改革には、地道な草の根の根回しも必要なのである。

まず「キーパーソン」
を巻き込む。
大きな改革を成し遂げるには
そんな地道な根回しも必要

▼制服改革を大きく「ジャンプ」させたひらめき

制服を変えるのであれば、どう変えるべきか。

和田中で制服を変えた時も生地や縫製を見直すことで5000円ほど価格を下げた。

でも、今回は業界のブラックボックスに手をつけるのだから、もっとドラスティックな変化が必要だと考えた。

そうしないと、業界にかすかなさざ波を起こしただけで、私が退任した後、元の木阿弥（もくあみ）になってしまう可能性もある。それでは、イノベーションとは言えない。

ヒントになったのは、私の着任と同時にスタートした「スーパースマートスクール」プロジェクトだった。

これは、生徒が普段使用している自分のスマホをBYOD（Bring Your Own Device）で授業中にも徹底活用するプロジェクトだ。

校舎内の59カ所に無線のアクセスポイントを設置し、授業ではアクティブラーニングのツールとして、ネットマン社の「C-Learning」を導入した。

改革者が去った途端に
元の木阿弥になるのなら
それはイノベーション
とは言えない

従来のように生徒に手を挙げさせて発言を促すのではなく、生徒が意見や疑問をスマホに打ち込んで送信すると教員のタブレット端末に集約される仕組みで、これで授業が双方向に変わる。

画面を前方スクリーンに映せば、クラス全体でみんなの意見が共有できる。基本的に無記名で、意見や質問の聴取にも授業評価にも使えるから、「わかる人、意見のある人、手を挙げなさい！」とやるよりよっぽど授業が活性化するのだ。

このプロジェクトをはじめるにあたり、全生徒にIDが配られた。

私は、このIDを使えば、煩雑な手続きをする必要なく、スマホで制服を注文できる仕組みができるのではないかと考えた。

生徒が学校にスマホを持ち込み、それを使って授業を受けるという画期的な取り組みをしているのだから、それで「通販」できたら、より便利になる。サイズは自分で測って打ち込めばいい。メーカーは、その注文をもとに制服を自宅へ送る。そうすれば、採寸のコストも不要になる。

このひらめきが、「ジャンプ」につながった。瀧本の寺前さんに相談したところ、次のような前向きな返事があった。

「制服業界は特殊分野で、今も戦後脈々と続くような売り方をしているところがあります。しかし、今の時代、ネットで注文してモノを買うのは当たり前のことで、誰にでもできることでしょう。我々も学生服のメーカーとしてなにか変えていかないといけないと思っていたので、オンライン販売を考えるのであれば、協力させてください」

うれしい答えだったが、心配にもなった。

一条高校だけのために制服通販のシステムを組んでも、割に合わないだろう。メーカーと販売店のつながりにも影響が出るはずだ。

制服メーカーは通常、全国の販売業者と提携している。業者が各学校に出向いて3月の採寸を行い、そのデータをもとに制服メーカーはサイズに合った制服を送る。販売業者は、制服を販売する日を決めて、現金と引き換えに生徒に手渡すという仕組みだ。これが何十年も続いてきた。

販売業者にとっては、採寸から販売までの流れが最大の収入源になっている。もし、制服メーカーがオンライン販売を実現したら、中間マージンがカットされるから制服の価格は下がる。

しかし、販売業者がそれを素直に受け入れるはずがない。なにかしらの摩擦が起きるのは確実だ。

「ほんとにやるの?」と何度も確認したところ、「採寸日の日にちと時間が指定されること」「クレジットカードが使えないこと」などで毎回クレームが発生しており、瀧本としても「一条高校でこのシステムが無事に稼働したら全国に広げていこう」という話になっているということだった。

もし、このシステムが全国展開されれば、制服業界へのインパクトも大きい。私は、それなら一緒にできるように進めていきましょうと、寺前さんに伝えた。

▼最高のタイミングで吹いた追い風

それから、制服のリニューアルに加えて、どういう販売システムにすればいいのか、瀧本が考え、私がアドバイスするという役割分担で、プロジェクトは進んでいった。

私はなにかを本気で仕掛けようとするとき、とくに教育改革実践家として仕事をするようになってからは、朝日新聞やＮＨＫの知り合いに事前にその話をして、自分がやろうとしていることに報道する価値があるかどうかを確かめるクセがある。

このときも、本当に全国に波及するようなプロジェクトになるかどうかを知りたかったので、連絡をした。

そうしたら、まるでタイミングを計ったかのように強烈な追い風が吹いた。一条高校に着任して2年目の秋、２０１７年11月に公正取引委員会が公立中学校における制服の取引実態に関する調査結果を公開したのだ。

これは、公立中学校６００校と制服メーカー、販売店などを対象に、書面調査と聴取調査を実施したもので、要約すれば「モノの物価がこれだけ下がっている時代に、なぜ制服の価格が上がっているのか」という疑問の提示と改善の要求だった。

調査結果の公開にあたり、公正取引委員会は学校に対して、制服価格の決定には制服メーカー間および販売店間の競争が有効に機能するよう、コンペや入札、相見積もりなどを行うように要請した。

報道各社がこの調査（https://www.jftc.go.jp/houdou/pressrelease/h29/nov/171129.html）を記事にしたこともあり、私は職員会議で「公正取引委員会が問題にしているんだから、コンペもしないで一社に制服を発注していることが問題にされる可能性もある。去年あった値上げも、根拠があいまいだから僕が調べます」と伝えた。

ここから、生徒のＩＤを使って専用サイトで制服を販売すること、事前にサイズの測定方法を示し推奨サイズなどを載せたうえで選択させること、24時間注文を受け付けること、メーカーから生徒宅に直送することなどの仕様が決まっていった。

しかも、この方法を採れば、素材や製法の見直しも含めて15％から20％は価格が下がるとわかった。

とはいえ、私も（言い出しっぺがいかに大事であっても）瀧本一社で進めると批判が生まれることはわかっていたので、もともと一条高校の制服をつくっていたメーカー兼販売店のN社にも声をかけ、コンペを行うことにした。N社も新しい制服のデザインを出し、価格も見直してきたのだが、従来通りの一斉採寸で販売マージンがかかる方式を採っていたので、結果、直販の瀧本のほうが安かった。

その後、細部を詰める打ち合わせが何度か行われ、最終的に、職員会議で一条高校の新しい制服は瀧本の直販体制でつくると正式に発表した。

▼制服は保護者が負担する「公共事業」

年が明けて２０１８年2月には、先述したように泰明小学校のアルマーニ制服のニュースが全国をにぎわせた。

大半の反応は「8万もするなんて高すぎる」というもので、このニュースも私たちのプロジェクトを大きく後押ししてくれることになった。

一条高校における私の任期は2年。２０１８年の3月には退任することが決まっていた。退任直前の3月20日、私はこのプロジェクトを後戻りさせないために、最後の一手を打った。

文部科学省で記者会見を行い、「全国で初めて、制服をネットで注文・購入する方式を導入する」と発表したのだ。

アルマーニ制服が話題になったすぐ後だったから、たくさんのメディアが取材に来てくれた。

この会見で、新制服の価格が男子3万7550円、女子4万1950円と、それぞれ1万円安くなると明かしたうえで、私はこう語った。

「学校制服の市場規模は1100億円程度あるが、これを全国の保護者が負担している。文科省の責任範囲ではないし、教育委員会も学校に任せて管理していないが、着なくてはいけないという点からすれば、これは**公共事業**だ。その公共事業の費用を1割削減できるという話なのだ。これを放っておいてはいけない。校長がマネジメントに目覚めれば、1〜2割は即下がる。ざっとした数字で恐縮だが、100億円くらいは見直せば下がる。一条高校がその先駆けになればうれしい」

（ハフポスト記事『「制服代は親が負担する公共事業」奈良一条高校の新制服、メーカーがネットで直販へ　販売店通さず価格2割安』参照）

この会見には瀧本の寺前さんも同席した。本当に勇気のある人物だと思う。

その場で私が「アルマーニ制服についてもコメントさせていただきたいんですが」

として、「オーダーメードだし、短い期間につくるから制服は高くてもやむをえないと皆さん考えていたと思いますが、実は既製服なんだということをはっきり言っておきます。アルマーニの制服も、実際に作るのは横にいる瀧本さんなんですよ」と暴露したのだ。記者たちも、このサプライズには爆笑していた。

これで「瀧本はアルマーニに認められたクオリティで制服をつくれるんだ」とＰＲできたわけだが、一方で、業界4位の制服メーカーが販売業者と密接に築いてきたビジネスモデルを改めると全国放送で宣言したに等しい。

これは相当、風当たりが強くなるだろうと心配していたら、案の定、「瀧本の商品は扱えない」「俺たちをつぶす気か」などと、販売業者からたくさんのクレームが入ったそうだ。

会見のときにも触れたのだが、こういう過激な改革は、業界1位、2位はやらない。既存のシステムで十分に利益を出しているから、チャレンジするメリットがないのだ。瀧本は業界4位で、少子化もあってこのままだと先細りするという危機感を持っていた。だから、このプロジェクトに参加してくれたのだ。

凝り固まった業界の秩序をひっくり返すようなビジネスを考えているビジネスパー

ソンには、組む相手を選ぶ際に参考にしてほしい。

▼町の電器店のように役割の転換を

瀧本は業界を激震させたが、実際のところは販売業者を切り捨てるのではなく、お互いにビジネスモデルを転換し、違う形で共存していこうとしている。

たとえば、無料サービスで行われていることも多かった制服の丈直し（初回は無料）の料金などについては、保護者に正規料金を求めるなど、ルールを明確化することで販売業者も利益を確保できるようにした。また、追加購入は販売業者を通すことに。

さらに、一条高校では合格者説明会を開催し、その日に「試着室」を用意して、制服のサイズ感がわかるようにもした。その試着室には、販売業者から2名、出してもらった。寺前さんは、こういった関係の変化を町の電器店にたとえる。

「町の電器店が減っているのは、役割が変わっているから。今の役割は、エアコンを設置しにいくとか修理をするといったアフターフォローに変わっている。学生服も同じように新しい協力のかたちをつくっていけたらと思っています」

地位に甘んじて業界に胡坐をかいたとき、競合の下克上を許す

瀧本の提案を販売業者に理解してもらうまで1年かかったそうだが、今は逆風も収まったと聞いて、ホッとしている。

▼全国展開すれば保護者負担220億円減

一条高校で実際に制服のオンライン販売が行われたのは、私が退任して1年後の2019年3月。学校にとっても、瀧本にとっても、保護者や生徒にとっても初めての試みだった。

それなりのトラブルが起きるだろうと想定していたそうだが、両者が驚嘆する結果になった。なんと、クレームはゼロ件だった。

「事前にだいぶ段取りを詰めたので、クレームというクレームがなくて、ありがたかったですね。保護者も指定の期間中にほとんど注文してくれましたし、1～2件、遅くなった家庭にも連絡をしたらすぐに対応してくれました。最初なのでいろいろ大変でしたけど、こんなに価格が下がって、大きなエラーもなかったので、成功事例です

よね」（錦校長）

「学校が理解してくれて、先生と保護者にちゃんと説明をし、こちらがプレゼンする場所や時間もいただけたので、皆さんにきちんと理解してもらえたんだと思います。カスタマーセンターを設けたので問い合わせはありましたけど、クレームが来ないのはビックリしました。この仕事をしていて初めてのことだし、あり得ないですよ」（寺前さん）

これは、錦校長や教員の皆さん、瀧本の関係者の尽力あっての成果である。

同時に、クレームゼロは、アマゾンやメルカリで買い物をすることが当たり前の生徒や保護者にとって、オンライン販売のほうがよほどストレスなく簡単だったということの裏付けでもあるだろう。

一条高校は2020年春に2度目のオンライン販売を実施し、今後も継続していく予定だ。地元の販売業者N社との関係も続いている。瀧本のもとには、全国の学校から「このシステムを導入したい」と問い合わせがきているそうだ。

前述したように、学校制服の市場規模はおよそ1100億円。**一条高校のように細かく見直しをかけて2割下がれば880億円。保護者の負担が220億円減ることになる。その経済効果は計り知れない。**

ブラックボックスに手を突っ込み、中身を引きずり出し、透明化した私のチャレンジが全国に広がり、無駄な中間マージンであった220億円が消費者の手に渡って日本経済を潤すことを願うばかりだ。

いや、日本経済うんぬんというより、子のいる家族の日常を豊かにする1つの知恵である。

瀧本株式会社／ichijo

第5章

史上初、隈研吾が設計した「公立校の新講堂」

公立の学校は小学校、中学校、高校合わせて3万数千校あり、それぞれに校舎と体育館や講堂があるから、全国に学校の建物が万単位で建っていることになる。そのほとんどが無味乾燥な、あのベージュ色の箱だ。

どうしてそういうことになるかというと、学校の設置者である自治体の首長や教育長も、建物を建てたり改修する権限を持った施設課長も、さらには現場の校長までもが思考停止しているからである。

幼稚園の園舎にはグッドデザイン賞を受賞したものもあるし、私立小学校や中高一貫校の校舎の建て替えはそのまま入試倍率に影響するから優れたデザインが多い。大学は言わずもがなだろう。

考えないで建てるか、考えて建てるか、なのだ。

公立校では権限を持つ者が情報を右から左に処理しているから無味乾燥になり、私立の場合にはデザインと機能性を編集して、何とかクリエイティブな付加価値を生み出そうという意図が見える。

今回の話は、公立校でも、ちゃんと考えて建てれば一流のデザインが可能だという実例を、奈良市立一条高校の新講堂で示した物語だ。

建築家には、国立競技場や歌舞伎座の設計に参加した隈研吾を選んだが、隈さんだからといって建築費は盛っていないし、設計料も3%の公共建築物基準だ。

なぜ、そんなことができたかというと、無名の頃から30年来の友人である隈さんと私の願いが一致したからだ。

公立校だってちょっと工夫をすればもっと機能的で美しくなる。

コストを抑えるために、中身の教室は標準的な文科省基準でいいから、正面のファサード部分だけでも地元の若手建築家に設計コンペでチャンスを与えたらどうだろう。そうすれば、そこに通う生徒だけでなく、OB・OGのモラルが向上することにもつながる。

結果、一条高校には、常識を超えた、4400万円もの寄付が集まった。

学校の校舎は無味乾燥な箱で良いという常識を地元のクリエイティブで覆そう。

▼１９４９年に制定された「標準設計」

当たり前すぎて、ほとんどの人が疑問を抱くこともない。だから、何十年間も変化していない。でも、改めて考えてみると、今のままがベストなのか大いに疑問が湧いてくる。それが、学校の建築物のデザインだ。

世のなかのほとんどの公立学校の校舎や体育館は、無味乾燥な豆腐のような見た目をしている。味気も温もりもないし、遊び心は皆無だ。

歴史を紐解くと、戦後間もない１９４９年に鉄筋コンクリート造（ＲＣ造）校舎の標準設計が作成された。それ以来、現在に至るまで標準設計に基づいたＲＣ造の画一的な学校が量産されてきた（文科省「我が国の教育経験について」、内田洋行教育総合研究所「意外と知らない〝学校建築・学校家具のトレンドの変遷〟」参照）。

１９４９年と言えば、日本は連合国軍の占領下にあり、最高司令官総司令部、いわゆるＧＨＱのダグラス・マッカーサー将軍が健在だった時期だ。あらゆるものが乏しかったこの時期、教員を確保し、子どもたちを教育するだけで精一杯だったろう。

校舎や体育館などのデザインに気を配る余裕などなかったはずだ。
その後、日本の経済成長とともに子どもの数も右肩上がりに増えたことで、１９５７年に小学校は２万６９８８校、中学校は１万３６２２校に達した。さらに第２次ベビーブームが到来し、昭和40年代後半から50年代にかけてもどんどん学校を造らなければならなかった。この時期もデザインなど二の次、三の次だったに違いない。

問題は、この時期に造った校舎の多くが、今も現役で使われていることだ。

文部科学省のデータによると、２０１５年の時点で、築25年以上経過した学校施設が全体の75・５％を占めている。また、全国の小中学校の施設の約３割が築40年以上を経過し、改修や補修が必要な状態とされる。
今こそ、学校のデザインを見直す絶好のチャンスではないだろうか？

▼「情報編集力」を求められる時代の学校

少し話は逸れるが、大人が働くオフィスに関しては、昭和の時代から著しく変化してきた。

所狭しとデスクを並べていたスシ詰め状態から、快適性や健康に配慮した清潔感と余裕のある環境に変わり、現代ではチームワークを育み、創造性を刺激するような洗練されたオフィスも少なくない。

これは、企業が必要とする能力が、「情報処理力」から「情報編集力」に変化してきたこととリンクしている。

「情報処理力」と「情報編集力」については、すでに話したので多くは触れない。端的に言えば、「情報処理力」とは正解を早く正確に言い当てる力、つまり基礎学力を指す。「情報編集力」とは、正解が1つではない課題に対して、他者も自分も納得するような仮説を立てることができる問題解決能力を指す。

日本の学校では戦後一貫して「情報処理力」を鍛えてきたが、もはや知識や記憶力では、AIに勝てない。実社会では正解が1つしかないというような問題はほとんどなくなり、むしろ答えの見えない時代を手探りで生きている。

だからこそ、既存の情報を組み合わせたり、掛け算することで、これまでにない仮説を立てたり、新しい可能性を生み出す「情報編集力」が求められるようになった。

翻って今の学校の建物を見てみよう。71年前の標準設計に従って建てられた建物はどれも前時代的で、工場のように機械的に「情報処理力」を叩きこむにはいいかもしれないが、児童生徒の「情報編集力」を伸ばすのに適した環境とは言えない。

私は、10歳ぐらいまでにさまざまな遊びを体験することによって「情報編集力」の基盤ができると考えている。遊びのなかには、イマジネーションや発想力を育む要素がふんだんに盛り込まれているからだ。

子どもたちが多くの時間を過ごす学校も「情報編集力」を磨く場所になり得るはずだ。日本の未来を考えれば、子どもたちへの投資として、夢やアイデアが膨らむような「場」を作ることにお金をかけるべきだろう。

しかし、現実として国や地方の財源が苦しいなかで、学校自体を建て替えるのは簡単ではない。また、いろいろな基準が法律で定められているので、教室の広さや構造を変えるのも難しい。校舎が古くなったからといって、いきなり斬新な校舎を建てることはできないのだ。

では、どうするのか。私が奈良の一条高校で始めたのが、講堂の建て替えプロジェクトだった。

▼耐震強度が10分の1の講堂

きっかけは、耐震基準だった。

2016年4月、一条高校に校長として赴任した私は、間もなくして驚きの事実を知った。一条高校には校舎と体育館のほかに、入学式や卒業式、始業式、終業式などの式典を行う講堂がある。雨の日には補助的に体育の授業にも使うし、学年集会にも保護者会にも、もちろん演劇部やダンス部などの部活にも使う。

講堂は、1957年に新築されて以来ずっと使われてきたものだ。

奈良市のホームページに、この講堂の耐震構造のデータが掲載されていたのだが、必要な数値（is値）が「0・7」なのに対して、講堂は「0・07」で、「地震があった場合、倒壊する可能性が高い」とオープンに記されていた。必要な強度の10分の1しかないことに唖然とすると同時に、当然の疑問が湧いてきた。

「なんでこの状態で放ってあるのだろう？」

一条高校の教員に尋ねてみると、教員たちも耐震基準を大きく下回っていることは把握していたが、「どうにもならないんじゃないですか?」とさじを投げている状態だった。校舎と体育館の耐震補強工事は済んでいて、まだ手をつけられていなかったのが講堂だった。聞けば、奈良の公立高校で講堂を持っているのは3校しかなく、ほかの高校では主な式典は体育館で行われていた。

奈良市にとって、講堂の耐震化は不要不急という判断だったのだろう。しかし、一条高校の体育館は体育の授業や部活をするためだけに作られていて舞台などがなく、式典を開催するには向かない。そのため、市のホームページに公に「地震があったら倒壊の可能性が高い」と指摘されている講堂を使い続けるしかなかったのだ。さらに後日調べてみると、仮に耐震補強の工事をしても、基準を満たす保証もなかった。

これは、看過できない問題だ。

大きな地震がきたら、未曽有の惨事になりかねない。そう危機感を抱いた私は、どうにかして講堂を建て替えることができないかと動き始めた。

このときに考えたのは、「奈良市に任せてしまったら、間違いなく、情報処理的な無個性の講堂になる」ということだった。

一条高校の初代校長・渡邊真澄さんは、1950年の開校をコロンブスのサンタ・マリア号の船出に例え、生徒には「一条丸」の乗組員として「開拓者魂　フロンティア・スピリット」を持つことを訴えていた。

以来、一条高校では、開拓者魂がアイデンティティになっており、生徒たちは建学の精神を表象するサンタ・マリア号を図案化した副章を身に着けている。

私は渡邊校長の教えに非常に共感していたので、講堂を新しくするのであれば、子どもたちが一条丸の船員として未来に船出するイメージのデザインにしたいと考えた。同時に、生徒のクリエイティビティやアーティスティックな感性を刺激するデザインが望ましい（6ページ）。

となれば、奈良市に掛け合って、「講堂を建て替えてください」とただ陳情するのではなく、別の道を示さなければならない。

▼始業式でサプライズ

私はまず、奈良に赴任する前に、朝日新聞社の企画で「乃木坂46」のメンバーに教えていた「よのなか科」の授業で知り合った建築士に声をかけた。東京大学特任准教授から株式会社・学校計画を創業した筑紫一夫（ちくしかずお）さんだ。

筑紫さんが奈良に来るタイミングを捕まえて、一条高校に寄って講堂を見てもらい、「僕個人のお金で15万円支払うので、デザイン案を作ってもらえませんか」と依頼したのだ。

筑紫さんからパース（CGによるデザイン案）が送られてきたのは、2016年の12月。その案を見て私は胸が高鳴った。講堂の周りに水が張られていて、一条丸を想起させるデザインの講堂が、海に浮かんでいるように見える（6ページ）。

私は当初、このパースをポスターにして校長室や図書室など校内の目立つところに張り出し、生徒から意見を聞こうと考えていた。このパースを見たら、生徒のテンションが上がるのは間違いない。確実に保護者にも話をするだろう。

そうやって学校にとっても奈良市にとっても最も大切な存在である生徒と保護者から声が上がったら、市長も議会も教育委員会も無視することはできないはずだ。地道に講堂建て替えの機運を高めていこうという戦略だ。

しかし、途中で私は考えを変えた。ある日の明け方もっと良い案を思いついたのだ。

年が明けて、迎えた始業式。講堂の壇上で校長として挨拶に立った私は、全校生徒1000名にいきなり呼びかけた。先生たちにも事前に話すことなく、である。

「私は正月に初夢を見ました。この講堂を建て替える夢です。OB・OGが60年以上大事に使ってきてくれたんだけれど、耐震基準を満たしてなくて、危ないんです。今、この瞬間に震度5以上の地震が来たら、天井が落ちてきても不思議はない。至急、君たちを両脇のドアから逃がさなければならないわけです。だから、なんとか建て替えたい。そのときに、たとえばこういう講堂になったら、君たちはどう思いますか?」

そこで壇上に大写しにして、筑紫さんのパースをバンッと投影した。生徒たちの目がくぎ付けになったのは言うまでもない。

その後、筑紫さんのパースについてはポスターにして公開したから、生徒や教員からたくさんの意見を聞くことができた。マーケティングの鉄則である徹底した事前ヒアリングである。

そのなかで、講堂の周りを古墳のお堀のように水張りにするアイデアについては、思ったほど評判がよくなかった。

「いつもテニス部のボレー練習を講堂の前でやっているのに、できなくなる」とか「時間が経つとコケが生えるし、落ち葉がたまる。誰がメンテナンスするんですか」という否定的な意見も出た。

なかには、ある先生からのこんな感想もあった。「ああいう水辺があると、卒業式で私は生徒から落とされる心配が……（それでびしょぬれになるかもしれない）」

うーん、水辺を作るのは難しいなと感じたのだが、そういった反応もすべて想定のうちだ。

なにか大きな仕掛けをする際、私は最初に最もインパクトの大きな、言ってみれば過激な案を見せるようにしている。

当然、反発もあるが、反対者にはその過激な案が印象に残っているので、少し角をとった案を見せた時に受け入れてもらいやすくなるからだ。

ビジネスの交渉でも、わざと相手にとって大きな金額を伝えておいて、「高すぎる！」と指摘された時に、本来、自分たちが目指していた金額を落としどころにするというテクニックがあるが、それと同じである。

水辺をつくる案は断念せざるを得なかったが、一流の建築家が作ったパースを始業式でサプライズ披露することで、生徒と教員に「校長が本気で新講堂を造ろうとしている」と印象付けられたことが大きな収穫だった。

講堂の建て替えという難易度の高いプロジェクトを始めるにあたって、うまく導火線に火をつけられたように思う。

▼勝負所で「伝家の宝刀」を抜く

次のステップとして、私は「折り入ってお話ししたいことがあるので」と、奈良市長と教育長を食事に誘った。

そこで、私は何枚かの写真を二人に見せた。それは、私が講堂の屋根裏に潜り込んで撮影したもので、1957年から講堂を支えている古びた垂木が写っていた。この写真を見れば、誰もが「ヤバい」と感じる。

私は二人に「0・07しか耐震強度がないんですよ。命にかかわることがあったらどうするんですか」と問いかけた。同時に、筑紫さんの案を前提に「建築費は5億50

大きな仕掛けをする際は、最もインパクトの大きな案を、最初に見せる

00万円程度だと思います」と。

市長は「自分が勝手にやるわけにはいかない。民意が大切だ」と指摘。たとえば一条高校の保護者やOB・OGが先に建築費の1割ぐらい集める覚悟で寄付を集めれば、「民意」を示すことができるというわけだ。

そこで私は、PTAの保護者会でも屋根裏の写真を見せて、「講堂の天井裏ってこうなってるんですよ。こんな垂木で支えてるだけなんです」と率直に伝えることにした。

保護者会が開かれている講堂で、椅子に座っている保護者に対して「上を見てください。今、地震があったら、あの天井が崩れてくるかもしれないんです」とやったら、危機感を抱かない保護者はいない。すかさず、寄付のお願いをする。

2017年3月には、ふるさと納税も活用してオンラインでの募金をスタートさせた。一口1000円に設定したのは、寄付のハードルを下げて、在校生でもお小遣いから出せるようにと考えたからだ。のちに、自分のお小遣いから1万円を熨斗袋（のしぶくろ）に入れて校長室に届けてくれた生徒もいた。

ここまできたら、なんとしても講堂を建て替えたいと思った私は、同じ月に講堂で行われた卒業式で、再び仕掛けた。

　その日は市長と市議会議長を来賓として招いていた。ちなみに議長は一条高校のOBである。私は校長式辞で壇上に立ったとき、またしても「今、もし震度5か6の地震が起きたら、命の保証はできないんです」と語りかけ、そして、こう続けた。

「今日は市長と議長が、そちらに来ています。議長は一条高校の先輩でもあり、この講堂の建て替えをずっと心配してくださっています。寄付も集まり始めました。本日、来賓の方のなかには現金を包んできてくださった方もいる。ついては、お二人にこの講堂を建て替える決断をしていただきたいんですが、いかがでしょう？」

　全校生徒も、その保護者も、講堂が危険な状態だと知っている。卒業式に参加している地域の人やほかの来賓の目もある。この状況で、「無理です、やりません」と言える人物はいないだろう。最初に議長が頷き、市長も頷いた。

　そこで私はすかさず「今、お二人が『やる』と言いました。皆さん、拍手をお願いします」とあおる。講堂は拍手に包まれた。

「断れない状況を作ったうえで、協力を求める」のは、私の十八番なのである（微笑）。多少強引なところもあるので、頻繁に使うものではない。

しかし、私にとっては「ここぞ」という勝負所で抜く伝家の宝刀だ。

▼世界的建築家を口説き落とす

卒業式で市長と議長の合意を取り付けた私は、講堂の建て替えを絶対に実現するために、「誰も否定できないような建築デザイン案が必要だ」と考えた。

筑紫さんの初動の案は一条高校の建学の精神を表現した素晴らしいものだったが、もっと説得力のある案を出さなければいけない。

建築物を一から立ち上げようとすると、途中でなんだかんだと注文がついて、揚句の果てにひっくり返されてしまうなんてことが往々にしてあるからだ。

さてどうしようかと考えていた矢先、無名の頃から30年来の友人である隈研吾さんから、仕事で奈良に来るという連絡があった。森トラストが奈良公園の周辺を再開発していて、隈さんの設計で旧知事公舎をリノベーションしてホテルにするプロジェク

断れない状況を作ったうえで、協力を求めるのも改革をする方法の1つ

トが動いているのだ。

ここで、私と隈さんの関係について話しておこう。

30年以上前、私がまだリクルートに勤めていて、メディアファクトリーという出版社を立ち上げた頃、会社が買い取った代官山の猿楽町にある古い屋敷を拠点にしていた。その屋敷をもっと格好よくしたくて、誰か頼める人を探している時に、知人が紹介してくれたのが隈さんだった。

隈研吾といえば、東京五輪・パラリンピックの主会場となる新しい国立競技場の設計に携わった超大物だが、当時の隈さんはまだ無名で、話をしてみるとおもしろい人だったから意気投合。それ以来、隈さんとはいつか一緒に仕事がしたいとずっと思っていた。

一度、表参道のキャットストリートの端にある駐車場の角に8坪の土地が出たときには、そこを私が買い取って隈研吾の世界最小の建築物にしたら面白いんじゃないかと声をかけたこともある。隈さんは乗り気になってくれたのだが、結局土地が想定より高値で他に売られて実現しなかった。苦い思い出だ。

今回は、またとないタイミングで奈良に来るというので、「講堂を見てほしい」と声をかけた。

一条高校の食堂で一緒にカレーを食べ、講堂の内部を見てもらってから、私の2シーターのオープンカー（当時は10年もののポルシェ・ボクスター）で若草山に登り、平城京を眺めた。若草山の山頂から観る奈良の景色は絶景なのである（6ページ）。

その絶景に酔った隈さんに**「奈良市が一条高校の講堂の建て替えを隈さんに依頼したら、やってくれますか？」**と頼んだ。しかも、学校建築の通常の予算で、設計料も3％の公共建築物基準で、だ。

またしても、十八番「断れない状況を作ったうえで、協力を求める」私に、隈さんはその場で快諾してくれた。

国立競技場の設計に参画することが決まっていた隈さんが、奈良の市立高校の講堂を設計する。これは奈良市にとってもビッグニュースであり、誰もが歓迎する人選だ。隈さんなら誰もが納得するような素晴らしいアイデアを出してくれるに違いない。

なにより、一条高校という奈良のいち公立高校のプロジェクトながら、隈さんがかかわることで全国に報じられ、教育業界が学校の建築物について再考する良い機会になると思った。

▼隈さんを唸らせた「よのなか科」の熱気

市長と議長の合意を取り付け、隈研吾さんからも快諾を得た。

ここまできたら、あとはプロジェクトを前に進めていくだけだ。

２０１７年10月28日、隈さんに再び奈良に来てもらい、一条高校で私が土曜日に定期的に実施していた「よのなか科」の授業に登壇してもらった。

授業のテーマは「隈研吾さんと一条高校の講堂の建て替えを考える」だ。

この授業では、隈さんから「みんな、どんな講堂が欲しい？」という質問に対して、生徒や保護者らが5〜6人のグループに分かれ、意見を交わした。授業は想像以上に盛り上がり、隈さんにも響いたようだ。後日、感想をくれた。

「普段、建築設計をしてクライアントから聞くような要望とは違う形の意見がストレートに、たくさん出てきたんですよ。例えば、ミラーボールをつけたいという子がいて。ミラーボールってキャバレーとかそういうところにあるイメージだったけど、あれが1つ講堂にあるだけでまったく違う空間に生まれ変わるなぁと思って、目から鱗でしたね。そういう多様な発想が面白かったし、授業中、本当に全員がイキイキしていたから、あの時の臨場感とか現場感がそのまま建築に投影できたら、きっと今までの学校建築にないものができると、そんな予感がしましたね」

この授業で出た生徒や保護者の意見を持ち帰って、隈さんの事務所で正式に設計を進めてくれることになった。その担当になったのが、小澤瑞穂さんだ。

彼女は一条高校にほどちかい県立奈良高校の卒業生で、最寄り駅も一条高校生と同じだったという。地元の文化や環境をよく知る、これ以上ないパートナーだ。

小澤さんは、新講堂の原案である筑紫さんのパースを参考にしながら、設計を進めてくれた。既に筑紫さんのパースをもとに寄付を募り始めていたから、小澤さんにとっては制約になったかもしれない。

後日、小澤さんは「地元なので、生半可なものはつくれないというプレッシャーがありました。限られた予算と条件のなかで、1つでも多く見せ場をつくろうと気合を入れた」と話してくれた。

▼子どもたちを元気にする建築

講堂を設計するなかで、隈さんと小澤さんが最も大切にしたのは、「よのなか科」の授業で生徒が口にした「一条高校は船」という言葉だった。

隈さんは語る。

「生徒が誇りを持つような学校って減っていると思うんです。そのなかで、一条高校の生徒は『自分の学校は船だ』と言える。学校自体がそれだけのアイデンティティを持っていることもすごいことですよね。それをうまく形にすることができたら、もっとそのアイデンティティが高まって、生徒ももっと学校に愛情を持ってくれるかなと思いました」

この「一条高校=船」というイメージに加えて、隈さんと小澤さんは、奈良の歴史も取り入れた。吉野杉などが有名な奈良は「日本の森林の原点であり、木の聖地」。そういう土地だからこそ、木材を象徴的に活用する案が出てきた。

さらにもうひとつ、隈さんには教育施設に木材を使いたい理由があった。

「僕自身、小学校5年生くらいの時に木造校舎がコンクリートに変わったんです。そうしたら新校舎の評判は散々で、本当につまらなくなっちゃった。木って魔法の素材だと思うんですよ。空間のなかに少し木を使うだけで、優しい気持ちになる。森で人類が生まれ、生活してきたという何万年の歴史があるから、人間にとって木は仲間だと思うんです。ここ数年、教育機関の設計をする機会があるんですが、それまで使われていた校舎を観に行くと、子どもたちに元気がない。木を使えばもうちょっと元気が戻るんじゃないかと思って、木の教育施設を造りたかったんです」

子どもたちを元気にしたい。私もまったく同じ想いを持って教育に携わってきたから、その気持ちが嬉しかった。

ちなみに、今回のプロジェクトで隈研吾建築都市設計事務所に支払った設計費は1

500万円。

建築家は全体工事費に対して5%から12%の設計費を取るところが多いが、筑紫さんが最初に見積もりを出した建築施工費5億5000万円の3%以下の金額だった。

▼起死回生のひらめき

隈さんと小澤さんが設計を詰めている間、私は奈良市と協議をしていた。市長と議長は講堂の建て替えに合意していたが、その進め方について調整する必要があったからだ。

奈良市に「隈研吾が設計を担当してくれる。奈良で最初の隈研吾建築になる」と話をしたところ、もともと「今までの校舎は機能性のみだから、もう少し遊び心がある校舎にできないか」と考えていた市長は喜んでくれた。

しかし、市の建物の建築に関して、入札なしで隈さんの事務所と随意契約することはできないと告げられた。そう指摘されるまでうかつにも気づいていなかったが、確かにそうだ。

私は一瞬、「これは行き詰まったか……」と感じた。

しかし今、諦めるわけにはいかない。そこで、一計を案じた。

設計にかかわる費用は一条高校が負担する。そして、隈さんの設計図を奈良市に寄贈する。奈良市は建て替え工事のコンペをして、正式な手順で業者を決める。

こういう建てつけにすれば、もともと耐震強度が10分の1しかなかった講堂の建て替えに異論は出ないだろう。しかも、奈良市にとっては通常、工事費の5%から12%する建て替え工事の設計費を節約することができる。

実際、奈良市が工事の入札を行った結果、5億3674万2000円で落札されている。筑紫さんの見積もりを下回ったわけだ。

唯一課題として残ったのは、隈さんへの設計費1500万円をどう調達するか。

2017年3月から寄付を募っていて、OB・OGの協力もあって既に1000万円近く集まっていたのだが、奈良市から「ふるさと納税として集めたものを、随意契約に使うことはできない」と言われてしまった。

ということは、イチから1500万円を集めなくてはいけない。

「うーん、どうしたものか……」としばし頭を悩ませたが、ひらめいた。

それが、**「想い出の椅子（レガシーチェア）」**プロジェクトである（6ページ）。

新講堂の座席のネーミングライツを一席につき5万円で売るというアイデアで、座席の背面の銘板に寄付者の名を刻むのだ。これならOB・OGのプライドをくすぐるだろうし、世界的建築家である隈研吾の建築物のパトロンになれるうえに、自分の名前が何十年も残る。一条高校の歴史に名を刻めるわけだから、卒業生以外でも寄付したいと思う人は出てくるだろうと考えた。

2018年1月から、それまでの寄付の窓口とは別に、「想い出の椅子（レガシーチェア）」プロジェクトをスタート。この時点で、一条高校の校長としての任期終了まで残り2カ月。私の切迫感が伝わるだろうか。

▼寄付金集めに奔走、集まった金額は？

このネーミングライツでいくら集まるのかまったく予想がつかないまま、2月には隈さんと奈良市役所で記者会見を行い、新講堂の建設プランを明らかにした。

この日、屋根を木材で組んだ、一条丸をイメージさせる講堂の新パースと模型も初めて公開された。学校建築では目にすることがないような斬新な設計が注目を集め、翌日には全国メディアで報じられた。

翌月の卒業式。私は壇上に隈さんのパースを置き、さらに金屏風の裏側にそれまで公開していなかった夜景のパースを隠しておいた。そして校長式辞の際、夜景のパースを金屏風の裏から取り出して掲げて見せ、生徒たちにこう呼びかけた（7ページ）。

「これが2年後に建ちます。来年入学する生徒はこの新しい一条丸で入学式を迎え、卒業していくことになるでしょう。その間はいろいろ苦労をかけるけど、楽しみにしていてください」

卒業式を終えて、なんとか1つの区切りがついたとホッとした。

耐震強度が10分の1しかないと気づいてから2年弱で、奈良市と話をつけ、隈さんが設計する新講堂を建てることが正式に決まったのだ。なかなかのスピード感だったと思う。

しかし、私がやるべきことはまだ残されている。隈さんの設計費1500万円の資金調達だ。なんとしても1500万円を集めようと、この話をすべてのコミュニケーションの核にした。人を見るとパトロンに見えるというわけだ。

もともと私は教育界に入ってから、すべての友人、知人は自分の生徒にとっての「教材」だと見えていた時期がある。

出資者は、隈さんの建築物のパトロンになれるだけでなく、これまでの「学校建築の常識」を変えるチャレンジに協力することになる。

世界的な建築家が公立高校の講堂を設計した。それだけでもほかにないことだが、その設計費を民意で、OB・OGが中心となって、自分たちで集めているということの意義や可能性を知ってほしかった。

私の話を聞いた何人かの友人が、ネーミングライツを買ってくれた。

そのうちの一人、はるな愛ちゃんの名前は、新講堂の最前列中央の椅子の裏に刻まれている。2月に実施した道徳公開授業でゲスト出演してくれた際に即決してくれたのだ。男っぷりの良さを褒めたら、怒られてしまうだろうか（笑）。

記銘を望まずに大口の寄付をしてくれた友人もいた。飲食・サービス業向けユニフォームを手掛けるセブンユニフォームの会長、本島得二さんだ。奈良出身の本島さんは個人として最大の寄付を決めてくれた。長年の友人でロート製薬会長の山田邦雄さんもだ。ロートの発祥の地が奈良だということを知る人は少ない。

「想い出の椅子（レガシーチェア）」プロジェクトの支援の輪はこうして少しずつ拡がっていき、最終的には１２６２人から、２００３万１４６８円が集まった。目標だった隈さんの設計費１５００万円を大きく上回る金額だ。


驚くべきは、ふるさと納税を利用した寄付を含めると、総額４４２０万８４７３円に達したこと。私も四方八方に声をかけたが、寄付者のほとんどは一条高校のＯＢ・ＯＧである。一条丸に乗って先に船出した先輩たちが、後輩の新一条丸の建造に力を貸したのだと思うと、胸が熱くなる。

さらに、意外なところからも助力を得た。２０１９年８月、奈良県北東部に位置する宇陀（うだ）市から、宇陀市で採れた杉を加工したフローリング材、総額１０００万円分を寄贈したいと申し入れがあったのだ。

宇陀市にとってはプレス圧縮強化加工で強度を増した「圧密厚貼フローリング」のＰＲも兼ねていたとはいえ、とてもありがたい話だった。この木材は、新講堂のフローリング材として活用されている。

最終的に、約6億6100万円となった総事業費のうち、設計費や音響、つり幕などの設備費が、ふるさと納税と寄付でまかなわれた。

▼五感全体で感じる講堂

一条高校では、2020年5月15日に創立70周年の記念式典を予定していて、当初は新講堂で開催することを目指していた。しかし、東京オリンピックの建設ラッシュと重なり、いくつか手に入らない部材が出た影響で工事が遅れ、お披露目は9月になった。

私も9月19日に現地に向かい、完成した新講堂を見た。そこには、一条高校の「開拓者魂」を象徴する船、一条丸があった。吉野杉などの木材をふんだんに使って組まれた屋根が、今にも出航しそうな船の舳先(へさき)に見える（7ページ）。

隈さんは、新講堂に次のような想いを込めたという。

「五感全体で感じる講堂になりました。屋根は船の舳先であり、舳先の下にはたくさんの人を迎え入れる大きな庇（ひさし）を作りました。できることなら、近所の人たちにもこの空間を使ってもらって、木はいいなぁって実感してほしいですね。今の建築はルール通りに機械がデザインしたものみたいになっているけど、学校の建築では、生身の人間がデザインして、それを子どもたちが受け止めるという血の通った関係性が必要だと思います」

一条高校を訪ねた際に教員が私に話してくれた言葉も印象的だった。生徒が初めて講堂に足を踏み入れた時、しばらく誰も言葉を発さなかったそうだ。

人は心の底から驚いたり、胸を打たれた時、言葉を失う。

私にとっても、講堂の建て替えは象徴的なプロジェクトになった。

最初は「なんか、変だな」という思いから出たものだったが、その「ちょっとした狂気」が民意を動かし、行政を動かして、結果4000万円超の寄付金を集めた。

その熱に引かれるように、世界的な建築家が設計をすることになった。一条高校となんの関係もない宇陀市が、総額1000万円分の木材を寄贈してくれた。

なにか面白そうなこと、社会的にやるべきことを思いついたとき、頭からその渦のなかに飛び込む。必死に駆け回っていると、やがて周りの人たちが「なにをしているのかな?」と近づいてくる。

その人たちを巻き込んで渦を大きくしていくと、エネルギーが重なり合い、次第に台風のような力を持つ。そういう時に「引き寄せの法則」が発動して、予想もしないことが起こるのだ。

動き始めた時に、最終形までのプロセスを読み切るなんて所詮、無理な話だ。プロジェクトというのは生き物であり、人間のドラマであるからだ。

現実のドラマに登場する人物の役割には化学変化がおこる。だから私は、最終形から逆算して日々の行動を計画していく「引き算」型の行動はとらない。

ちょっとした動機付けで人間のパフォーマンスはいくらでも変わりうるから。

一条高校の新講堂は完成したが、学校の建物を再編集しようという動きが波及しなければ意味がない。現在、日本には小中高校の校舎が約10万棟あると言われている。少子化だから学校の統廃合もあちこちで起きている。まさに、今がチャンス!

必死で駆け回ったときに起こる「引き寄せの法則」で予想もしないことが起きる

先述したが、なにも学校建築全体を劇的に変える必要はない。例えば、ファサード部分だけでも、地元の若手の建築家にコンペをさせたら、どうだろう？学校は地域社会の象徴でもあるから、手を挙げる人は多いのではないだろうか？自治体に資金がなければ、こういった社会貢献度の大きいプロジェクトは寄付を募ればいいのだ。

▼子どもの力を刺激する場を増やしたい

一条高校の講堂でも、「レガシーチェア」ではなく、建物全体のネーミングライツとして5億円を出してくれたら、寄付者の名前を冠したホールにしますよと営業したこともある。今となっては笑い話だが、DMMの亀山敬司（けいし）会長とロートの山田邦雄会長に、だ。

私立大学では当たり前だが、国立の東京大学に安田講堂や福武ホールがあるように、地元の公立小中学校や高校にも、お世話になった学校に対して篤志家となったOB・OGが校舎や体育館、ホール、図書館、メディアルームを寄付し、その名を冠して歴

ちょっとした動機付けで、人間のパフォーマンスはいくらでも変わり得る

史に残すことがもっとあっていいように思う。銅像よりお洒落だろう（笑）。

私自身はラオスに公立の小中学校、高校を寄付しているが、同じ意味だ。

子どもたちが毎日目にするもの、毎日使う場所だからこそ、好奇心や創造力を刺激するような校舎や施設が増えてほしい。それはきっと、地域を豊かにすることにもつながるはずだ。

開拓者魂を持つ一条丸が、その先駆けになれば嬉しい。

奈良市立一条高校／ＩＣＨＩＪＯ ＨＡＬＬ ２０２０

第6章

「背負える」キャリーバッグでつくる新しい常識

サラリーマンの出張はキャリーケースとショルダーバッグの組み合わせ。

それが常識だろう。でも、なんか面倒だ。一緒にできないだろうかと考えた。スーツは無理でもシャツやスラックスが折りたたんで入ればいい。ときにはテニスラケットも……そこからハードシェル型リュック「ランセルEMUムーンウォーカー（以下、EMU）」のデザインが始まった。

もう1つ、開発当初は猫も杓子もキャリーケースブームだった。

若い女性がスッチーを真似て、左手でスマホをいじりながら、右手でキャリーを後ろ手に引くから、一人で前後3人分のスペースを取っていた。

本来キャリーは体の横につけて引くものだ。そのマナーを守れない暴走車（者）が駅のホームでよく事故を起こした。小さな子もはねられた。

キャビンアテンダントやパイロットの人たちが使うキャリーは、もともと自宅からハイヤーで空港に来て降ろし、広い空港のロビーで使うものだ。日本の狭い鉄道のホームで、事情に合わないキャリーブームに苛立った。

「リュックで背負えよ！」という心の叫びだ。

リュックなら両手が空くからスマホの操作も楽だろう。そうこうするうちにＪＲや私鉄のキャリーのマナーキャンペーンが始まり、今ではすっかりリュック派が主流になっている。いいことだと思う。

「ＥＭＵ」の開発は、腕時計の開発に気を良くした私が、ないのなら作ってしまおうキャンペーンの一環で始めたものだ。

しかし、今回は勝手が違った。製造販売を請け負ってもらうビジネスパートナーがなかなか現れなかったのだ。それでも最終的には、結婚式の引き出物カタログ最大手のリンベルが手を挙げてくれた。

このリンベルという会社との常識を超えた商品開発物語を楽しんでほしい。

▼背負えるキャリーバッグを一からつくってしまえ！

もう10年近く前になるが、街を歩いていると、ローラーの付いたキャリーバッグを引っ張って歩く人がやたらと増えていた。旅行に行く人ばかりではない。手提げかばんでは重くなってしまう書類などを入れて運ぶビジネスマンや、買い物かご代わりにキャリーバッグを使う女性が出てきたのだ。

今でこそ、水平に移動するスーツケース型のバッグが増えたが、当時はバッグを斜めに引っ張るスタイルが大半だった。使っている人が思っている以上に引きずっているケースが多く、後ろを歩く人の足をひっかけて骨折してしまうような事故が頻発していた。２００９年12月には国民生活センターが「キャリーバッグを使う場合には周囲に注意するように」と、異例の注意喚起をしていたほどだ。

このままキャリーバッグが増えたら危なくて仕方がない街になるのではないか。当時、街を歩いていてそう思ったものだ。

いっそのこと、背負えるキャリーバッグはないものだろうか。それも布製のデイパックのようなラフなものではなく、スーツケースのような素敵な素材で、身体にフィットするオシャレなバッグは。

そんな思いが形になったのがハードシェル型の大人のランドセル「EMU」だ。

当時、和田中学校の校長を〝卒業〟していた私は、肩書きを聞かれると「テニスプレーヤーです」と真顔で答えていたほど、テニスにのめり込んでいた。

テニスは52歳から始めたのだが、すっかりハマって、生活時間の最も多くを割(さ)いていた。それは今もあまり変わらないのだが（笑）。

自転車に乗ってテニスコートに行くのに、着替えやシューズ、弁当を入れて、しかもラケット2本がぴったり収まる背負えるバッグが欲しい。

ところが、当時、必死に探しても見つからない。世の中に存在したバッグには、はっきり言ってカッコいいものがないし、サイズも小さすぎた。

逆に正式なテニスバッグはデカデカとブランドネームが入り、広告塔になるほどの腕がない私のようなプレーヤーには肩身がせまい。しかも、大きすぎるから、シニアの皆さんがテニスバッグを抱えて自転車に乗っているのを見ると危ない気もした。

テニスを終えて、そのまま仕事に行こうと思えば、パソコンやiPadなどもすんなり入らないと困るし、人と会うのに、いかにも遊びに行っていました、という小汚いバッグを背負っていくわけにはいかない。

外観がスーツケースのようなクールなデザインで、背中側が心地良い布でできたハイブリッドなリュックが欲しいのだが、どこにも存在していなかったのだ。

ならば、自分でつくるしかない！

大量生産の象徴だと思っていた腕時計が、実は30個とか50個と言った単位で作ることができることを、腕時計の「japan」シリーズで知った私は、リュックもオリジナル製品が何千個、何万個といった大ロットでなくてもつくれると確信していた。

▼アスリート会社員のニーズを満たす

まずは、自分の頭の中にあるアイデアをまとめ、コンセプトを明確な形にしていく必要がある。なにせ世のなかに存在しないものをつくるわけだから、きちんと目に見えるようにしなければ、第三者に伝わらず、賛同者も現れない。

「japan」シリーズの時にはコスタンテ社長の清水新六さんに、私自身が書いた時計のイラストを手渡し、想いを伝えた。だが、今度はバッグで滑らかな曲線のものを考えていたから、自分が書いたイラストでは満足のゆくものができなかった。

そこで、知り合いのデザイナーに自分のアイデアを話し、それをイラストに描いてもらうことにした。

もちろん商品として売り出す以上、購買者を想定しなければならない。

まず考えたのが、「アスリート会社員」。会社帰りにランニングなどで汗を流すビジネスマンが増えていた。東京で言えば、皇居ランニングなどが流行り、ロッカーや更衣室を提供する「デポ」が生まれ、かろうじて残っていた町中の銭湯がこうした「アスリート会社員」によって息を吹き返したりしていた。

そんな「アスリート会社員」は、会社の書類やパソコンと一緒に、シューズやウェアを入れられるリュックを求めているに違いない。しかも汗や泥で汚れたウェアを収納できる防水ポケットがあれば、なおいい。

頭の中にある自分のコンセプトを形にしていくには、デザインの専門家に、具体的な「絵」に描いてもらうことが第一歩だ。具体的なデザインがあれば、より簡単にコンセプトを説明できるし、共感してもらえる。一緒に共同開発して製品化に取り組んでくれる人も出て来るに違いない。

私は描いてもらったイラストを、自分の「よのなかnet」のホームページに掲載し、「協力メーカー募集！」と打った。

そうして、まず、どんな反応が来るか様子をみることにした（8ページ）。

もちろん、それで簡単に協力者が現れたわけではない。

伝手（つて）をたどってスポーツ用品会社やカバンメーカー、大手流通企業、精密加工会社などに頼んでみたが、それから1年半の間に10社に断られることになった。

そんな時、ふと相談してみようと思ったのが、当時、日経BPで「日経トップリーダー」の編集長をしていた伊藤暢人（ながと）さんだ。

伊藤さんは、私が「日経ビジネス」で書評を執筆していた頃に担当してくれた編集者で、何かあると気軽に相談できる関係だった。腕時計の「japan」シリーズを開発した時も、コスタンテの清水さんに取材して記事を書いてくれた。

例のイラストを見せ、「こんなバッグを作りたいんだけど、どこか協力してくれるメーカー知らない？」と聞いた。すると、「今度はリュックですか」と目を丸くしたのを覚えている。

伊藤さんは仕事の合間に長年の取材活動で知り合った企業経営者に話をしてくれたらしい。カバン製造で有名なメーカーからは、色良い返事はもらえなかった。有名なスーツケースメーカーにも当たってくれたが、断られた。やはりネックはロット（生産量）。さらに、世の中に存在しないものを作るということに対するリスクだ。

▼「本当に売れるのか」

諦めかけていたとき、伊藤さんが紹介してくれたのが、「リンベル」というカタログ通販会社だった。

リンベルは、結婚式の引き出物やお中元、お歳暮など、もらう側がカタログから選べるシステムを一気に広げた会社だ。皆さんの家にも食器棚の奥に眠っている結婚式の引き出物がひとつやふたつあるに違いない。

学校で開くバザーなどには、必ずといってよいほどペアグラスなどが出品される。結婚した2人の名前が入っている品物になるとネット・オークションに出すこともできず人にあげられない。カタログギフトは、もらう側が好きなものを選べるから、そうした無駄が出ず、世の人たちにウケた。もちろん、人々の嗜好は多様だから、カタログギフトの品物は品数が豊富でなければ話にならない。

リンベルのカタログには多種多様な商品が載っている。もちろん、普通に売っているものばかりを載せても価値が出ないので、リンベル自身が開発するオリジナル商品も増やしていた。

オリジナル商品は中国などの工場に発注するので、製造に向けたノウハウも持っている。リンベルは、世の中にありそうでないものを形にすることが得意な会社だ。

最近ではシャツをたたんで携帯する際に、カバンに入れるスーツ柄の布製「シャツ・ケース」を作り話題になった。中国のメーカーが倒産してしまい売り切れになっているが、別のメーカーを探しているという。

そんなリンベルならば、私の思うバッグを開発してくれるかもしれない。

伊藤さんが日本橋にあるリンベルの本社に行き、「世の中にない商品なので話題性もあり、リンベルの知名度アップにもつながる」と説得してくれた。

その後、リンベルで商品開発をしている糸永秀一郎さんが担当してくれることになった。糸永さんにイラストを見せながらコンセプトを熱く語ると、前向きな反応が返ってきた。

いよいよ形になるか、と思ったのだが、そこから、なかなか話が進まない。どうも「コンセプトはわかるのだが、本当に売れるかどうか」という疑問があったようだ。

それでも何とか共同開発に同意を得て、製造メーカーや卸会社などを紹介してくれることになったので、本格的な設計に乗り出すことに。

▼滑らかなフォルムへのこだわり

さて、設計である。その段階でも伊藤さんが力を発揮してくれた。

3Dプリンターを使ってハードシェル部分を樹脂で成形しプロトタイプを作ることにしたのだが、当時の日本には縦が50センチ以上あるリュック形状を削り出せる3Dプリンターがなかったのだ。そこで、ベルギーに本社を置くマテリアライズ社という、当時最先端の会社に頼むことに。どうやら伊藤さんはネット検索で調べて日本法人を探し当てたようで、会社まで出向いて協力をお願いすることになった。

私はどうしてもハードシェル部分をゴツゴツした箱のようなものではなく、人間の背中からお尻のラインのような滑らかな形に仕上げたかった。

背負った時に体と一体になるようなフォルムにこだわったのだ。それを実現するには3Dプリンターでプロトタイプを作り、それから型を作って製造するしかない。まずは3D化が課題だった。

ではどうやって3Dデータをつくるか。3Dの製図データをつくる協力をしてくれたのは、全国で塾を経営するWAOグループの「ワオワールド」の3D制作スタッフだった。社長が元映画監督で、アニメの制作も手掛けており、3Dデータの作成はお手の物なのだ（8ページ）。

「ワオワールド」で作った3Dデータをマテリアライズ社に送った。マテリアライズもワオワールドも利益度外視で協力してくれたが、むろんタダというわけにはいかない。製品になるかどうかわからない段階だから、自分で先行投資するしかない。

両社に合わせて30万円を支払ったが、逆に言えば、30万円プラスアルファの開発費だけで、できたのである。

そして、いよいよマテリアライズからハードシェル型のプロトタイプが送られてきた。賛同者に具体的な形を見せることが大事だと書いたが、このプロトタイプの完成で、関係者の意識がガラッと変わったように感じた。一皮むけたというのだろうか（8ページ）。

「これは、今まで見たことないですね」との感想が代表的だったのだが、具体的な形が目に見えたことで、コンセプトをしっかりと共有する事ができたのである。

こうしたたくさんの人たちとのつながりが、ＥＭＵを一歩一歩形にして行った。

強烈で十分に説得力のある（納得できる）ビジョンを持って諦めないで進んでいくと、必ず必要な手段が向こうから寄ってくる。そんな気がしている。

私は、これは誰にでも起こりうる「引き寄せの法則」だと思うし、「情報編集力」を鍛えれば、こうした「モノ・コト・ヒト」という本来バラバラの要素の編集が上手くなる。すると、小さな成功体験が積み重なるので、自分のビジョンが実現することに自信が生まれるのだ。

後々の話なのだが、リンベルにオーダー靴の営業マンが飛び込みで営業に来たそうだ。そこで、糸永さんが「なぜリンベルを知ったのですか」と聞いたところ、「以前、藤原先生の講演に行ってＥＭＵの話を聞いたことがあったんです」という話が飛び出した。その人が私の講演を聞いた当時は別業界で働いていたそうだが、転職してオーダー靴販売の営業マンになった際、ぜひリンベルに営業に行ってみたいと思ったのだという。これも不思議なつながりと言えるだろう。

糸永さんも「まだまだＥＭＵパワーが続いているのだと少し驚いた」という。

▼宇宙服を模した「大人のランドセル」

話を戻そう。プロトタイプから型取りをし、中国の工場でいよいよ製造に乗り出すことになったのだが、途中、中国の会社が倒産するなどハプニングも続いた。

結局、別の会社に乗り換え、無事、商品ができ上がることに。黒とシルバー、それぞれ1000個を製作した（8ページ）。実は、有名ブランドのスーツケースを製造している工場で作ったので、強度もＪＩＳ基準をはるかに超えるできになった。

世の中に存在しないものだったので、ＴＭＩ総合法律事務所にお願いして、ハードシェル型リュックの工業意匠権を取るところまで行った。

強烈に説得力のある
ビジョンを持って進めば、
必要な手段が
向こうから寄ってくる

2014年、リンベルのWEBサイトにEMUが掲載された。伊藤さんの尽力もあって日経BPのオンラインでも販売。また、通販サイトの『藤巻百貨店』でも取り扱ってもらった。伊藤さんにとっては編集者の「本業」ではなかったかもしれない。だが、出版社の経営に携わるようになり、「新しいモノを開発して製造し、売る」という一連の経験が生きたのではないかと思う。

EMUは発売即完売とはならなかったが、その後、ジワジワと売れた。大きさが飛行機の手荷物室に入る最大の大きさだったので、私自身のラオスやネパールへの出張ではこれだけで1週間過ごせた。

でも、その後、中国での製造コストが上がって、とても再生産できなくなっている。ちょっと前まではメルカリにも時々登場していたが、今は取り扱いがない。

ちなみに、この大人のランドセル「EMU（ランセルEMUムーンウォーカー）」というネーミングには、けっこうこだわった。「ランセル」というのは、日本語のランドセルの語源であるオランダ語の「ransel」。「大人のランドセル」という意味だ。フランスの高級ブランドに「ランセル」というのがあるが、あちらは「Ｌａｎｃｅｌ」である。

「EMU」の由来は動物の「エミュー」ではなく、NASA（アメリカ航空宇宙局）が開発した船外活動用宇宙服「Extravehicular Mobility Unit」から取った。背負った時のスタイルはまさに宇宙服を着て軽快に活動するように見えるからだ。

「ムーンウォーカー」は月面活動そのもの。スポーティーさに加えて、先進的な技術をイメージしてもらいたかった。しかし、これはあまり意識されなかったようだ。

発売後にメディアに取り上げられる際には「大人のランドセルEMU」と紹介されることが多かった。

「ランセル」とうたったのにはもう1つ理由がある。

子どもが使うランドセルを一新できるのではないか、と考えたのだ。

EMUは大人用なので大きいが、それの子ども版を作ればヒットするのではないか。

実際、「ワオワールド」には子ども用サイズの3Dデータも作ってもらった。さらに、ネーミングも「EVA（エヴァ）」とすることを決めていた。やはり宇宙系の言葉である「Extravehicular Activity」、つまり「船外活動」から採ったのだ。

最近では、ランドセルは色とりどりになったものの、形はまったくと言っていいほど変わっていない。革製で重く、耐久性も今ひとつなので、小学校6年間を使い続けるのは事実上難しい。今ではもっと軽くて丈夫な素材がいくらでもあるのに、この「伝統的」なスタイルは変わらない。

本来、ランドセルの形は法律で決まっているわけではなく、文部科学省が品質基準を定めているわけでもないのだが、固定観点として国民に広く刷り込まれた形はなかなか変わらないということだろう。それを「文化」だという人もいる。

▼形は一定でも規模は増す「ランドセル市場」

このランドセル市場、なかなか面白いことが起きている。**少子化が急速に進んでいるにもかかわらず、市場規模は逆に拡大しているのだ。**

ニッセイ基礎研究所の推計では、ランドセルの市場規模は2018年が546億円。2008年は405億円だったというから3割も拡大している。

ランドセルの価格が大きく上昇しているのが理由だという。2019年のランドセルの平均価格は5万2300円で、10年前の1・5倍になっているそうだ。しかも、ランドセルの代金を支払うのは、61％が祖父母だという調査結果もある。

つまり、おじいちゃん、おばあちゃんが、孫の入学祝いとしてプレゼントするのが主流になっているというわけだ。「孫のためなら」と財布の紐を緩める祖父母に支えられ高額化路線を突き進んでいる。

5万円というのはあくまでも平均価格だ。試しにグーグル検索で「高級ランドセル」と入れると、イタリア製総ヌメ革17万2800円、ポロラルフローレン22万円、「ミキハウス」のコードバン（馬革）ランドセル22万円と、大人が使うカバンに比べても高価なランドセルが並ぶ。今後、ますます進む少子化の中で、カバンメーカーはどう対応していくのだろうか。ますます価格を上げていくことになるのかな。

面白いことに、さまざまな価格の高級ランドセルも、なぜか形は昔のままだ。

買うのがおじいちゃん、おばあちゃんだからなのか、親たちの固定観念が強烈だからなのか。子どもたちも他の友だちと違うカバンを持つのが嫌なのか。

私には、小学校1年生に入る段階から、日本的な「同調圧力」を刷り込まれているように思えてならない。

「世間」の空気という神様を代表する神器の1つ。日本の学校教育界の「正解至上主義」を象徴してもいる。

実は、自分の子どもが1年生に入学する時にもランドセルを巡ってちょっとしたトラブルが起きた。私の父が孫に新品のランドセルを買ってやりたいという話になって、反対する私と大もめにもめたのだ。結局、家にあったリュックで通わせることになったのだが、登校初日に子どもは泣いて帰ってきた（苦笑）。

自分以外、全員ランドセルを背負っており、自分だけが違うことに驚いたのだった。

翌日、担任の先生が「リュックもすてきよね」とフォローしてくれたおかげで事なきを得たのだが、ランドセルというと、そのことを思い出す。

子どもが使うEMUより小型のハードシェル型ランドセルEVAも何とか発売したいというのが当初からの思いなのだが、結局、製造・販売には至っていない。

リンベル株式会社

あとがきにかえて

読者の皆さんの幸福感の源泉って、なんでしょう?

何をしているときに幸福を実感するか、どんな状態であれば幸せなのか、誰といるときに幸福だと感じるか……。

男女の恋愛関係や、家族の中の愛の深さについてはあえて脇へ置いて考えてみましょう。なぜなら、あまりにも個人差があって個別の感情が色濃く出るので、とても一般論では語れないからです。それらは、短歌や歌の歌詞、あるいは小説やオペラに解釈をお任せしたほうが良さそうです。

これから考えたいのは、仕事する人生を歩むビジネスパーソンにとって、人生の後半戦にも通用する「幸福」のタネはなんだろう、という問題です。

一般的には、3つの幸福感の源泉があるように思えるのです。

まず1つ目は、なんでもいいから「現役」であること。

社会にちゃんと相手にされること。世の中にかまってもらえないようになる孤高の人生は寂しいですからね。だから、賞味期限を延ばす生き方が大事だと考え、2011年にポプラ社から『坂の上の坂』を出版しました。

60代以上の読者は、過去の話題や昔の想い出話が仲間の間で多くなってきたら危険水域に入ったと自覚したほうがいいでしょう。いくつになっても、今どんなプロジェクトに取り組んでいるのか、それをどうしたいのか、将来を見据えた現役話に花を咲かせたいものです。

2つ目には、自分が「成長」している実感があること。

テニスでもゴルフでも上手くなっていたり、知識教養が増えている実感です。逆に、説教が多くなったり、一方的に教えることだけをやっていると危険です。

介護施設では有名な話なのですが、裁判官と教員出身者に認知症の患者が多いと言われます。それは、自分が常に上から目線で教え諭し続けていると、双方向のフラットなコミュニケーションができにくくなり、思考が固まってしまうのと関係があるかもしれません。

90年、100年の人生を生きる現代人は、あらゆる場面で学習機会を増やすことが求められています。だから、今さらながら読書が大事なんですね。

読書の効用については『本を読む人だけが手にするもの』（日本実業出版社）に詳述したので、ここでは繰り返しません。

そして3つ目は、会社や役所のような勤め先の組織とは別の「コミュニティ」における居場所が確保されていること。

住んでいる都会のコミュニティでも、田舎の農村漁村の地域社会でも、鉄道オタクの集いでも、フィンランド好きの旅行研究会でも、被災地支援のサークルでも、多様なコミュニティで柔らかく交流することがなにより幸福感の源泉になります。

人は、コミュニティの仲間同士の間に生まれる物語が増殖することで、幸福を実感できるものだからです。もっと直截（ちょくせつ）に言えば、新鮮な会話が常に生まれることが大事なんですね。サプライズのある中身で。

会社の仲間とだけゴルフ&カラオケしてるのは危険です。

この本では、私が実際に遭遇した目の前の「当たり前」を疑い、常識や前例をそのまま採用する「コトなかれ主義」を廃し、「コトあれ主義」で「ちょっとした狂気」を発揮して、どんな振る舞いをし続けたかを、第1章から第6章までお話ししました。「なんか、へんだな?」という「?」を大切にして、あえてバカげたチャレンジをしてみたらどうなったか。どんなにドラマチックな物語が生まれたか。

自分の1割の時間を常に「バカげたこと」に投資した成果の報告です。

読者の皆さんはもうお気づきかもしれませんが、こういうことを続けていると、先に述べた「現役」であることと「成長」の実感、そして「コミュニティ」における居場所のすべてを手中にすることができるのです。

なぜなら、たいがいの「当たり前」への疑問は、話してみると同じ疑問を持つ仲間を引き寄せることになるので、新しいやり方を模索するプロジェクトを進めることが、新たなコミュニティを形成することにつながるからです。

「当たり前」を駆逐するような問いを立てると、未開の地に「旗」を立てたのと同じように、その周りに同士が集うようになるというわけです。

それはあたかも、あなたの立てた「旗」の周りに磁場が発生したように、その問題解決のために必要な人材を引きつけるのです。あなたの内なる「狂気」は磁石のようなもの。磁力を持ったあなたのプロジェクトの周りに渦巻きができるでしょう。

最初に同士が5人も集まれば、ゴレンジャーが揃ったことになりますから、コミュニティはもうスタートアップしたことになります。

スタートアップしたら、そこから必要なのは「しつこさ」と「好奇心」。

「情報編集力」を鍛えると、「頭の中で複眼思考しながら問いを立てる力＝旗を立てる力」は増しますが、いったん実行に移したら、それを無限に修正する行動力が必須です。

「ちょっとした狂気」から思いつくだけなら誰でもできる。でも、疑問に対してさまざまな仮説を出していき、自分が納得し、かつ関わる他者をも納得させられる「納得解（納得できる仮説）」にたどり着いたとしても、それを実際の形にするためには、「しつこさ」と継続的な「好奇心」が欠かせないのです。

Googleを創業したエリック・シュミットは、スタートアップ直後のリクルーティングでは、この「しつこさ」と「好奇心」という資質を採用の基準にしたと語っています。「しつこさ」とは、あきらめないこと。ちょっと前に『ＧＲＩＴ やり抜く力』（ダイヤモンド社）という本がベストセラーになりましたが、同じことです。

ここで、藤原流のモノづくりを始めるキッカケはなんだったのか、本文と重なる部分もあるでしょうが、簡単に振り返っておこうと思います。

ブランドの既製品を買い求めるのではなく、自分好みのものをつくってしまえばいいという考えに至ったのは、腕時計「japan」の開発がキッカケでした。

和田中学校の校長就任5年目の年（２００８年）、12歳のとき父に買ってもらって以来40年間していたセイコーの腕時計が壊れてしまったのです。時計屋さんに持っていってももう直らないというし、校長を52歳で卒業する歳だったから卒業記念に自分へのご褒美として新しい時計を買ってもいいかなと考えました。

でも、ウエブを眺め回しても雑誌の時計特集を読んでも、日本人らしい気品があってスキッとした機械式のモデルがない。かといって、スイスやフランスメイドのブランド時計なんかしていたら、ロンドン、パリに住んでいた当時の友人たちが笑うでしょう。困っていた時に、巡り合ったのがセイコーでデザインから製造、販売、メンテナンスのすべてを経験して独立したコスタンテの清水新六社長だったのです。

清水社長との出会いが、10年間に12のオリジナルモデルの「japan」「arita」シリーズを作り出す渦巻きに成長しました。

２０２０年から本格的な販売が始まる腕時計「arita-reiwa」（第11弾／機械式）と「arita-ism medalist」（第12弾／クオーツ式）は、令和を記念する限定品です。

文字盤はともに有田焼の名門窯元「しん窯」の職人による磁器で、私が「赤ちゃんの白眼の色」と表現している、ちょっと青みがかった深い白色。後者は木曽漆の伝統工芸師・荻原文峯氏が12時位置に「日の丸」のような朱の漆（japan）を配していて、オリンピック記念らしいと評判です（1，2ページ）。

宣伝っぽくなりますが、日本の職人の技術の結晶として、４００年の伝統のある有田の白磁を配した腕時計に興味のある方は、コスタンテのサイトにアクセスして、ぜひ、この機会にお買い求めください。

日本の時計産業の故郷、諏訪・岡谷の周りに形成された、時計をこよなく愛する時計師たちのコミュニティを温かく応援する気持ちのユーザーを歓迎します。

「なんだ、欲しいものが見当たらなければ、作っちゃったらいいのか」

この考えを引き継いで、次に取り組んだのがオリジナルのハードシェル型リュックの開発。これは結婚式の引き出物カタログでナンバーワンのリンベルがビジネスパートナーとして製造、販売を引き受けてくれました。

さらに、この考え方を推し進めれば、メガネやシューズ、テニスラケットやゴルフクラブだってできそうです。とくに種類が多くて、ごくごく少量ずつしか作らない生産体制に入っている商品群なら、やりやすそうに思えます。

やがては車だって、ボディのデザインだけは個別生産の世界に入っていくのかもしれません。そうなったら、丸目二灯だった時代の「117クーペ」に10年乗り、いまだにあの天才デザイナー・ジウジアーロの作品が最高だと信じている私は、電気自動車の駆動部と電池を乗せたシャーシの上に「117クーペ」のボディを被せて、内装をオリジナルでいじらせてもらえたら……などと夢想してしまいます。

腕時計のプロジェクトが始まった2008年から遡ること20年、結婚を控えた私に、既製品に頼らずオリジナルで引き出物を作っちゃえばいいじゃないかと勧めてくれた友人の話も、ここでしておきたいと思います。

もしかしたら、この本に紹介した、目の前の「当たり前」を疑い、一からオリジナルを作り出してみる「狂気」の最初の物語は、30年前の「鍋敷き」の製作だったかもしれないからです。

友人の名は、岩尾俊志くん（故人）。大学の同級生でゼミが一緒でした。

彼は日本白磁発祥の地、有田で380年の歴史を持つ岩尾對山窯（たいざんがま）の家に生まれ、大学を卒業していったん大手商社に入社後、岩尾磁器工業の銀座支店に間借りして磁器の未来の姿を追うベンチャーを経営していました。

入社10年目でリクルート事件の真っ只中、結婚式での引き出物を有田焼にしようかと考え、銀座のオフィスを訪ねた私に彼が発した言葉は「絵柄は藤原が描いたものを磁器に焼き付けて、木枠で囲った使いやすい鍋敷きだったら、みんな使ってくれるかもよ」というものでした。私自身はお勧めの既製品を組み合わせればいいかなと軽く考えていたので「オーッ、そうきたか！」と感心したのを覚えています。

結局、ペルーのマチュピチュを訪ねた際にインスピレーションを得て描いた私のク

発想の原点となったオリジナルの鍋敷き

レヨン画を焼き込んで、オリジナル製作の鍋敷きを披露パーティーの参加者にプレゼントすることになりました。

鍋敷きかあ……と当初は思ったのですが、「鍋敷きって使う時には欲しいんだけど、意外と、わざわざ買わないものなんだよね」という彼の言葉通りで、お客様には好評でした。

30年経った今でも、ゴルフの解説で有名な戸張捷さん（当時リクルート役員）や、経済同友会幹事の奥谷禮子さん（ザ・アール元会長）などから、家でまだ使ってるよと声がかかるほど。

腕時計開発の第3弾は東日本大震災で被災した石巻市雄勝の特産品「雄勝石」を文字盤に使い、第4弾は同じ雄勝で津波にさらわれながら岸に流れ着いた牡蠣とホタテを使った螺鈿（らでん）細工でした。

第5弾以降は、有田の「しん窯」八代目当主・梶原茂弘氏の協力で、一貫して白磁を使った「arita」シリーズが生産されることになります。

文字盤に白磁を使う世界初の試みは、その美しさが評判になり、セイコーがプレサージュシリーズで有田焼モデルを量産することにもつながりました。

岩尾くんは惜しくも亡くなりましたが、その意志を継いだ長男は、私と同じ土屋守章ゼミで同窓の東大教授に弟子入りし、今では、次世代のものづくりやイノベーションを大学の教員として教えているようです。

モノづくりを始めるキッカケは腕時計「japan」の開発だったと先述しましたが、実は33年前（32歳の時）結婚した時にオリジナル「鍋敷き」を製作したことが伏線になっていたというわけです。

最後に、「デザイン」という言葉の解釈について語り、この本の締めくくりとしたいと思います。なぜなら、デザインは「幸福」を形作る最強の手段だからです。

デザインという言葉を聞くと、車やスマホのデザイン（プロダクト・デザイン）を思い浮かべる人が多いでしょう。商品パッケージやポスターの広告、あるいは本の装丁のようなデザイン（グラフィック・デザイン）のほうが、馴染みがあるなという人もいます。さらには、もっと身近な社内報や学校便りで、写真や文章のレイアウト（エディトリアル・デザイン）に苦労した体験がある方もいるかもしれません。

世の中では、そうした文章素材を組み合わせて読みやすくする行為を「編集」と呼び、ビジュアル素材を組み合わせてより魅力的に見せるようにする行為を「デザイン」と呼んでいます。

しかし、「ライフデザイン」という言葉があるように、文章でも図柄でも写真や動画でもないものを「デザインする」と表現することがあります。

つまりデザインとは、自然に流されていたらバラバラになってまとまらないものを、自分の意思によって組み合わせていく行為全般のことを指すのだと言えます。

人生をデザインするには、それ相応の哲学や美意識が欠かせないことは論をまたないでしょう。でも実は、プロダクト・デザインでもグラフィック・デザインでもエディトリアル・デザインでも、優秀なデザイナーやその監督をする立場のクリエイティブ・ディレクターと呼ばれる人たちは、皆、自分のものづくりや本作りに対する哲学や美意識を強烈に持っているのです。

そして、その誰もが、内に秘めたる「狂気」を育て続けている。

逆に言えば、身の回りのものを自分のイニシアチブでデザインする訓練を積めば積むほど、自分の中に、人生をよりドラマチックにする哲学や美意識が育つものなのだと思うのです。

人生というものも、自分を主人公にした物語を著した一冊の本であると考えれば、自分自身がデザインすべきものの極地にあることがわかります。

私の場合、結婚式の引き出物はそれに気づくきっかけでしたが、その後ヨーロッパに移住して家族で暮らすうちに、ロンドンやパリの友人たちが、とりわけ住居に対して強いデザイン意識を持っていることに驚かされました。

その影響を受けて帰国してから42歳の時（ほぼ20年前に）建てたのが今の住処(すみか)です。洋風の便利さを遠慮なく取り入れながら日本風のトーンを大事にする「ネオ・ジャパネスク」デザイン。このトーン&マナーが私の人生の基調になりました。

だから、我が家の建築物語を『建てどき』（のちに『人生の教科書［家づくり］』として文庫化）という本にして出版するとともに、ホームページに「藤原和博のデザインワーク」というコーナーを設けて、人生を彩るデザインのプロジェクトを起こしては中間報告するようになったのです。

この本は、そのベストアルバムでもあります。そして、このデザインワークを続けることが、私自身の内なる「狂気」を育てることにもつながっている。とりわけ、腕時計やリュックの開発を通じて、私が周囲に知らせたかったのは、ネット社会は、個人を出版社や新聞社やTV局のようにメディア化しただけでなく、私たちが工場を持つことなくメーカーになれるチャンスをも与えてくれたという事実です。

諏訪のあたりに時計会社を卒業した時計師たちの聖地があるように、そうしたプロたちのネットワークとつながれば、私のような素人でも、自分自身のための腕時計を製造し、志を共有する仲間にお裾分けすることは可能だということ。

個人がメーカーになるなんて――「狂っているとしか言いようがない」などと言われてもなお、ファブレスのメーカーになる道は、もちろんあなたにも開かれているのです。

さあ、あなた自身の幸福のために、人生をデザインしましょう。

この本が、日常で感じる「なんか、変だな?」の疑問を契機に目の前の当たり前を疑うことに目覚め、読者がクリエイティブに生きるキッカケになれば幸いです。

革命はいつも、たった一人から始まる。

もう、あなたの内なる革命の火蓋(ひぶた)は切って落とされたのではないですか?

2020年11月

藤原　和博

［著者紹介］

藤原和博（ふじはら・かずひろ）

教育改革実践家。元リクルート社フェロー／杉並区立和田中学校・元校長／奈良市立一条高等学校・元校長。2021年、本書を教材に「朝礼だけの学校（あさがく）」開校予定。
1955年東京生まれ。1978年東京大学経済学部卒業後、株式会社リクルート入社。東京営業統括部長、新規事業担当部長などを歴任。メディアファクトリーの創業も手がける。1993年よりヨーロッパ駐在、1996年同社フェローとなる。2003年より5年間、都内では義務教育初の民間校長として杉並区立和田中学校の校長を務める。2008年から2011年、橋下徹大阪府知事の教育政策特別顧問。2016年から2018年まで奈良市立一条高等学校の校長を務めた。著作は『10年後、君に仕事はあるのか？』（ダイヤモンド社）、『35歳の教科書』（幻冬舎）、『坂の上の坂』（ポプラ社）など累積150万部。ちくま文庫から藤原和博の「人生の教科書」コレクション刊行中。年間100回の講演で累積1500回を超える超人気講師。YouTubeのライブ講演動画は200万回超視聴されている。

「よのなかnet」
https://www.yononaka.net

※本書はNewsPicksの連載をもとに加筆・修正したものです

革命はいつも、たった一人から始まる

2020年11月27日　第1刷発行

著者　藤原　和博
発行者　千葉　均
編集　大塩　大・浅井　四葉
発行所　株式会社ポプラ社
〒102-8519　東京都千代田区麹町4-2-6
電話03-5877-8109（営業）　03-5877-8112（編集）
一般書事業局ホームページ　www.webasta.jp
印刷・製本　中央精版印刷株式会社

N.D.C.159/287P/19cm　ISBN978-4-591-16895-0

P8008319